藍學堂

學習・奇趣・輕鬆讀

創意思考之父

愛德華‧狄波諾
EDWARD DE BONO

吳春諭————譯

狄波諾思考力實踐手冊

讓思考成為第二天性，
「六頂思考帽」創意大師經典11講

DE BONO'S THINKING COURSE
POWERFUL TOOLS TO TRANSFORM YOUR THINKING

鍛鍊獨立思考的大師級著作

文｜孫治華

很多時候都有學員問我：「我要怎麼樣才可以鍛鍊我的思考呢？我要怎麼跳出自己的限制或框架呢？」我相信每位老師被問到這問題時，你都會這樣想「要我怎麼說呢？因為這是大哉問」

終於不用再給簡短或是很難獨立操作的答案了

而我們也終於可以跳脫出「你要多觀察事情中細微的線索（觀察得到就不用問了）」「你只要下決策之前多思考不同的面向，就會有更客觀的結果了！（這句話的吐槽點同上）」因為現在你可以跟他們說「喔？你可以去看看《狄波諾思考力實踐手冊》，這本書可以讓思考力累積與成長」

狄波諾大師是誰？他就是「六頂思考帽」（Six Thinking Hat）思考法的發明者，若你沒聽過「六頂思考帽」，沒關係，再去補買這本同名的書。總之，他是一位真正的思考學大師，在這本書中他輕描淡寫地提出了有趣

又簡單的方式鍛鍊思考。

然後，對方就突然懂了？！對，就是能達成這樣的效果

有說明、示範、解答、練習題，這是一本思考力手冊

這本書有很多簡單的思考方法，直指核心，每一章節中都有精準的寫作架構理論、範例、示範與最後的實戰演練題。此外，狄波諾大師也提供了練習範例與他自己的解答，可以讓你輕鬆讀懂了大師想要表達的意思，以下引用書中幾段文字說明：

「批判（critical）一字源自希臘文 kritikos，意思是判斷。雖然判斷思考有其作用與價值，但缺乏生產（generative）、成效（productive）、創造性（creative）和設計（design）等非常重要的思考層面」

你看，這一句話就把批判性思考中容易出現的思考誤區點得明明白白；判斷了他人的建議與想法後，我們是否有提出有生產、效益與創造力的回應與建議呢？在別人的想法中找漏洞很容易，但是真正的鍛鍊在於優化漏洞的能力

「C&S 結果與後續思考幾乎總是短期的，因為行動方案不管吸引人或令人嫌惡，感受都是即時的。」

這簡單的 C&S 的思考提醒也非常關鍵，有太多找我諮詢的人都是因為大部分的時間與精力都在解決當下問題，卻沒有想過解決過程與最終結果是否達到「初衷」。

「來做個 PMI 練習吧」，P 代表「正面（Plus）或有利點。M 代表「負面」（Minus）或不利點。I 代表「有趣面」（Interesting）或有趣點」。

狄波諾大師建議，可以用 PMI 三個不同面向思考事情，可以得到更完整的思考面向與價值，他也清楚地點出，PMI 是簡單又關鍵的思考法，但是此方法最重要的是──「避免對同一件事情只思考一次」，多少人做出錯誤的判斷，不也是犯了這個錯嗎？

這是一本獨立思考鍛鍊的好書

當我才看不到五十頁就看到這些內容時，當下就感受到了狄波諾大師深厚底蘊。假如你是剛理解到「思考是一種競爭力」的年輕人，十分推薦你閱讀這本書，可以加快獨立思考能力，不受時間與空間限制，妥善地學習思考技巧。

（本文作者為策略思維商學院院長）

思考的段數，決定視野的廣度

文｜江仕超

　　我常在行銷領域中看到很多人援用某種框架或理論，最常見的就是「行銷漏斗」。有將近 99.9% 賣家曾用此模型展開行銷操作，通常接下來就會看到一份品牌推廣企畫。但你是否曾經好奇：「難道這就是鐵則嗎？難道市場上就沒別的可能嗎？」

　　這是一個值得反思的問題，而且在我熟悉的行銷領域頻繁出現。但想要挖掘這些問題的解答，最根本的能力在於思考的段數。例如，本書中提到的「逆向思維」，當某品牌成功時，試著逆向反思找出其成功因素有哪些？廣告？通路？還是長年累積的品牌力？透過「逆向思維」，能幫助我們找到成功背後的本質與各項因素的權重關係，進而更為客觀。

　　同時，駕馭不同思考方式或擁有不同思考模型，都能讓你看得更全面、更立體。就如同書中提到的跳脫框架，恰好跟我在工作上的思考方法雷同：

一、跳脫框架之「極限」：

把一些模型或想法拉到極致的邊界上，再觀察它是否成立。例如：窮盡一切之後，在沒預算的情況下會影響到誰。或者這個創意發展到最後會出現什麼。

二、跳脫框架之「例外」：

簡單來說就是「找麻煩」，但並非找誰的麻煩，而是從一個論述或結論試著找到例外。舉例來說，MVP（Minimum Viable Product，最小可行性產品）比較不適合保健產業或是相對成熟的市場。

此外，本書還有很多方法能應用在策略、創意⋯⋯等其他層面。例如，書中提到 PO（Provoking Operation）這個技巧有幫於創意發想，協助思考者不被世俗框架住，更大膽、更能跳脫原本的發想。

若想在品牌定位更上一層樓，也可利用書中提到的切換思考，先運用理性分析，找出在規格或性能的差異。運用情感與感性找出動人的價值主張。雙向考量提升品牌行銷的勝率。另外，本書提到相當有名的「水平思考」，也是行銷人在創意發想時經常應用到的技巧之一。

AI 時代不被淘汰的能力

現在是 AI 爆炸的時代，AI 快速又隨機生成內容解放

出人們更多的時間。未來很可能只要用思考，就能讓 AI 創造出更拍案叫絕的作品，導引出更深遠的境界。一旦失去了跳脫思考的能力，極有可能被 AI 駕馭。因此，透過《狄波諾思考力實踐手冊》紮實訓練思考能力，將有助於迎接未來的挑戰，做自己思考的主人。

（本文作者為品牌行銷匯創辦人）

目錄

CONTENTS
狄波諾思考力實踐手冊

溝通：用接收者聽得懂的語言

前言
一套有關知覺的思考課程

　　學校教育對思考技能的關注少得令人吃驚，大眾荒謬地認為，擁有資訊和智力便足以應付一切。然而智力就像汽車的馬力，思考則像駕馭汽車的技能。有些智力高的人其實是差勁的思考者，反而是一些沒那麼高智力的人卻是較好的思考者。

　　英國政府的就業計畫中，只用五小時教導失業青少年如何思考，就使他們的就業率提高了 500%。這些青少年輟學離開學校時，大多認定自己愚笨；一旦他們發現自己一點也不笨，自信心便會提高，不僅應徵得到工作，也能保有工作。

　　學校浪費了社會三分之二的才能，而大學則使剩下的三分之一貧瘠化。

　　學校確實教導了部分層面的思考，但不外乎邏輯、批判性思考、分析等。它們確有其價值，只不過僅占整體思考的一小部分，就像汽車的左前輪是很重要，但光靠一個

輪子還遠遠不夠。

哈佛大學（Harvard University）教授大衛·伯金斯（David Perkins）的研究顯示，90%思考的錯誤肇因於知覺的錯誤而非邏輯的錯誤。著名的哥德爾定理（Goedel's theorem）證明，你永遠不可能證明一個系統內邏輯起始點的真偽。如果你的知覺是錯誤的，那麼無論你的邏輯有多傑出，得出來的答案都將是廢物。（譯注：哥德爾不完備定理 Godell's incompleteness theorems 是指在任何相容的數學形式化理論中，只要它強到足以蘊涵皮亞諾算術公理，就可以在其中構造一個體系中既不能證明、也不能否證的命題。）

本書提出的方法都是有關知覺的思考：我們如何看待世界？我們如何改善我們的知覺？這些方法，過去三十多年來已經廣為全球許多學校採用。在南非的一個礦場裡，完全沒受過教育的礦工學過這套方法之後，打架的次數從每個月二百一十次降到只剩四次。

空間上，我們有確切而正規的指引可遵循：北方、南方、東方和西方。本書也提供一些正規的指示以導引我們的知覺，假如順其自然，知覺只會專注在吸引我們注意或是符合我們情緒的地方。

本書中闡釋的注意力指引，建構的是有助於思考的架構。如果能更看清楚局面，你的思慮和行動就更合宜。

學習如何思考，會讓你更能掌控生活，不再受環境、情緒和旁人所迫，你可以把事情想清楚再下決定。

　　從 4 歲到 90 歲、從唐氏症兒童到諾貝爾獎得主、從沒受過教育的礦工到最高階的經理人，這些方法在許多不同的人身上都已經發揮了功效。它們不但非常簡單，也非常有效。

01

LESSON

思考是一種技能

學校沒教的思考力

你有兩種選擇：

一、思考和智力有關。智力是由你與生俱來的基因決定，你無法輕易改變你的思考，就如同很難改變眼睛的顏色。

二、思考是一種可以不斷改進的技能，透過訓練、練習和學習如何做得更好就可以改善。思考與其他技能沒什麼不同，只要我們下定決心，就能改善思考的技能。

這兩種完全相反的觀點，可以輕易地融合。

因為智力就像是汽車引擎的馬力。心智的「智力」潛能有可能在一出生就確定了，至少有一部分是由我們的基因決定。但即使如此，仍然有證據顯示心智的運作會改變

大腦內酶的特性，就像使用肌肉也能改變特性一樣。

汽車的效能並非取決於汽車的馬力，而是駕駛汽車的操控技能。所以如果說智力是汽車的馬力，那麼「思考」就是操控汽車馬力的技能。

智力是潛能。思考是操作技能。

如果我必須為「思考」下定義，以下是我的看法：「思考是操作技能，智力憑藉此技能依循經驗行事。」

如果我們再進一步查看汽車型錄，就會得到兩項重要的結論：

一、如果你擁有一輛馬力強大、性能優越的汽車，就有必要增進駕駛技術，不然你將無法充分發揮它的最佳效能，甚至還可能危及他人。同樣的，智力高的人也需要改善思考技能，以便充分運用他們的高智力。大部分的高智力潛能，都以各種方式被糟蹋掉了。

二、如果你擁有的汽車馬力較弱，那麼你得培養卓越的駕駛技術，以彌補汽車馬力的不足。所以，自認智力不高的人可以藉由改善思考技能強化自己的表現。

智力陷阱

在業界廿五年的經驗使我確信，許多自認為智力高人一等的人其實不見得是好的思考者，他們掉入了智力陷阱。這樣的陷阱有許多面向，這裡我只討論其中兩項。

智力高的人對任何議題都有其觀點，也會運用本身的智力來捍衛其觀點。智力愈高的人愈能捍衛其觀點，而愈是如此，他就更不覺得有必要嘗試改變，或是聽取別人的意見。如果你知道自己是「對的」，何必尋求改變或聽取別人的意見？因此許多智力高的人受困於差勁的想法中，因為他們把自己的觀點捍衛得太好。

智力陷阱的第二個面向是，一個在成長過程中認為自己比別人聰明的人（可能確實如此），會想從中得到最大的滿足。

而憑藉聰明才智獲取獎賞最快又最有效的方式，則是「指正別人的錯誤」，這種策略可以使你得到立即的效果，並且建立你的優越感。相對來說，肯定、積極的心態所能得到的回報會少很多，你可能得花上多年時間才能發覺新想法確實管用，更糟的是，你還得仰賴聽者會喜歡你的主意。顯而易見，以吹毛求疵和消極心態運用智力更具吸引力；具有「批判性思考」就夠了的荒謬西方觀念，則使得情況更糟。

方法不對，練習也沒有用

在求學期間以及往後的人生，大部分的人都必須不斷地思考。他們必須在工作生涯中費力思考，下了班也一樣。這一切的思考「練習」，就必然會讓人們成為更佳的思考者嗎？

不幸的是，練習不保證會改善技巧。

想想一位已經六十歲的記者，每天工作時都得打成千上萬個字。即使一直用兩根手指頭打字到六十歲，長期鍛鍊「兩指神功」也不會讓人突然間成為「十指神打」。

所以，如果你長年練習低劣的思考方式，你將會成為一個「極有技巧的差勁思考者」。假如那位記者去上課學習十指打字，即使是晚年才開始，也會成為「十指神打」。同樣的，光練習思考還不夠，必須直接專注思考的方法。這正是本書所要討論的議題。

學校真的有在教「思考」？

不論是世界上的哪個教育體系，都會標榜它們主要的教育目標之一是「教導學生如何思考」。那麼，它們真的教導學生如何思考了嗎？

只會料理義大利麵的廚師，算得上是卓越超群的大廚嗎？如果一輛車子只有一側有前輪，還會是一輛有用的車子嗎？義大利麵或前輪本身並沒什麼不對，但只是有就夠

了嗎？在我們整個教育過程中，有多少學校將「思考」列為課堂上的學科？為什麼不？如果思考是這麼基本而重要的技能，為什麼不乾脆將它列為課程？

這個問題有幾個「答案」：

一、思考本身從來沒有明確列入學校教育的課程，所以現在也不該教。學校教育深陷傳統的泥淖中，決策者的經驗和價值觀都建立在過去的時空環境，然而世界正在改變中。

二、在一個穩定的世界中，只要教導「資訊」（information）便已足夠，因為這樣的世界會持續至學生終身。資訊會告訴你要做什麼，思考是多餘的。希臘三哲人蘇格拉底（Socrates）、柏拉圖（Plato）和亞里斯多德（Aristotle）建立了「知識」（knowledge）便已足夠的觀念，一旦有了知識，所有其他人就會跟隨你。同樣的，這又是個老舊荒謬的概念。光有知識還不夠，思考中的創造性、建設性、構思和操作層面，都與「知識」同等重要。

三、大家會認為，我們在上諸如地理、歷史、科學的學科時，就已經學到夠多的「思考」。這是個危險的謬論。我們的確會在課堂上學習到一部分有

關分析、資訊蒐集和辯論的思考技能，但是在離開學校之後，我們所需的思考技能遠多於此。然而學術界怎麼會知道呢？多年來我的研究成果在業界的應用，使我得到非常清楚的結論：分析和判斷還不足以應付一切。

四、儘管面對所有相反的證據，有些人仍然武斷地認定思考是無法直接用教的。沒有「思考」這回事，只有「思索科學」或「思索歷史」。雖然每門學科領域確實都有獨特的風格、需求和模式，但還是有某些基本的程序是貫通所有領域的。舉例來說，「評估優先順序」、「尋找各種可能」、「提出假設」和「想出新主意」就適用於所有領域。看完本書之後，你會了解我的意思。

五、目前沒有實用可行的、直接教導思考的方法。這樣的回答應該是基於無知。實用可行的方法的確存在，例如 CoRT 思考課程（CoRT 是認知研究信託 Cognitive Research Trust 的簡稱），就已經在許多國家的各種不同文化、不同能力的人身上應用多年了。在委內瑞拉，每個學童每星期得花兩小時在「思考」上，直到學校教育結束；在馬來西亞，高等理學院直接教導思考的課程已經有十年以上的歷史；在新加坡、澳洲、紐西蘭、加

拿大、墨西哥和美國，許多學區的學校都已經採用 CoRT 課程；美國佛羅里達州戴德郡（全美第四大，一個相當棘手的學區），採用我的「六頂思考帽課程」（Six Hat programme）已經有好些年了。到目前為止，針對教導思考的成效所做的研究中，澳洲昆士蘭詹姆士庫克大學湯斯維爾分校（James Cooke University, Townesville）約翰‧愛德華茲（John Edwards）教授的研究成果最為傑出。他的研究顯示，即使只是短短七小時直接教導思考，也能產生很大效果。

批判性思考只是汽車的一輪

有些學校確實有安排「批判性思考」的課程。批判性思考是思考中重要的一部分，但本身仍有不足的地方。就像汽車只有一邊有前輪：輪子本身很好沒問題，只是光這樣還不夠。

由希臘三人幫所建立的舊式思考概念，使得批判性思考永垂不朽。這個概念的精髓，是分析、判斷和辯論便足夠了：在「尋求真理」時它既然足以勝任，其他的一切自然水到渠成只要你刪除「不真實」就夠了。

批判（critical）一字源自希臘文 kritikos，意思是判斷。雖然判斷思考有其作用與價值，但缺乏生產

（generative）、成效（productive）、創造性（creative）和設計（design）等非常重要的思考層面。如果讓六位訓練有素的傑出批判性思考者圍成一桌，一起討論，除非當中有人提出建設性的提議，不然他們只會原地踏步，無法進一步達成任何結論。即使是建設性的提議，一開始也會招致所有其他人的批評。

現今，全球各地之所以存在許多延宕多年還難以解決的問題，就是因為傳統的教育誤以為分析、判斷和辯論便足夠了。

我們的科學與技術之所以能夠成功發展，並非得利於批判性思考，而是得歸功於「可能性」體系。可能性體系超越我們的資訊，創造出假說和遠景，它們給了我們基本架構，讓我們可以藉此審查事物，而且有了得以持續進行下去的依據。批判性思考的確發揮了部分功效，因為如果知道你的假說是要接受眾人批判，你就會先設法強化。但只是挑毛病摧毀一個假說，並不能孕育更好的假說；要孕育更好的假說，關鍵就在於創造力。

從人文角度來看，我們迫切需要打破「批判性思考便足以應付一切」的觀念。若繼續抱持著這樣的觀念，那麼我們永遠不會認真專注在創造性、建設性和設計層面的思考之上。

重點不在邏輯，而是知覺

除了高技術性的部分外，知覺（perception）也是思考中最重要的一部分。所謂「知覺」，是指我們如何看待世界。

哈佛教授大衛伯金斯（David Perkins）已經證實，幾乎所有的思考錯誤都肇因於知覺錯誤。在現實生活中，邏輯上的錯誤相當罕見；儘管如此，我們依然堅信思考這件事不過是要避免邏輯上的錯誤而已。

在電腦發展初期，有個簡單的縮寫字 GIGO（Garbage In Garbage Out.）：垃圾進，垃圾出。它的意思是，就算電腦的功能完美無瑕，只要你輸入的是垃圾，輸出的結果還是垃圾。

同樣的道理完全適用邏輯思考。如果你的知覺有限，精準的邏輯將會導出不正確的答案。不當的邏輯導致劣質的思考，這一點每個人都會同意。反過來說則根本不對：精確的邏輯並不能造就良好的思考。假若知覺貧乏，好的邏輯會讓你得出有缺陷的答案，其中甚至還有個風險存在：良好的邏輯會帶給人虛假的自傲，因而更堅持己見、緊抱著錯誤的答案。

本書與大部分談論思考書籍的不同之處，就是重點不在邏輯而在於知覺。就目前看來，知覺的作用很可能是「自我組織資訊系統」（*self-organizing information* system，參見《思考探奇：心智的歷程》（*The Mechanism of Mind*）與《我對你錯》（*I am Right You are Wrong*）），這樣的系統可以串聯資訊、建立模式，但我們的思考卻也可能因而陷入模式之中，走不出去。所以我們需要採取某些方式來擴展知覺，以及改變知覺（具有創造力），這些是本書要討論的內容。

改進思考工具

木匠都擁有、學習如何使用的各式工具。鎚子、鋸子、刨刀和電鑽……，每種工具都有特定的功能，技術熟練的木匠，都知道在什麼時候用什麼工具才能達到想要的效果。

同樣的，本書也會提出一些非常基本的思考工具，它們都很簡單但十分管用。

你可以學習、練習使用這些工具，一旦你發展出使用這些工具的技能，即可將它們運用在各種不同的狀況中。

這些工具，可以說是「引導注意力的工具」（attention-directing tool），掌握了它們，我們馬上就可以隨意引導注意力。否則我們的注意力會遵循經驗所設定的模式，然後陷入其中一直轉圈圈。

這套方法迄今已經應用了三十年，而且成效卓著。它容易學習、方便練習，也很好運用。

比起其他教導思考的方法，這套工具法更簡單也更有效。只教導人怎麼避免錯誤，成效終究有限。你若只想避免所有開車上的錯誤，乾脆把車子留在車庫中算了。

爭辯和討論一個議題可以鍛鍊思考，不過別忘了那些互通技能（transferable skill）。追隨卓越導師的思考方式也是一個辦法，只不過前提是要長時間的接觸，以及卓越導師是否唾手可得。

每項工具都很容易學，一旦學會就能正確運用。

我們的心智中充滿「描述性的」概念，例如桌子、商店、書籍、教育等等。思考工具的作用，是藉助一些「執行性的」概念來配置心智，使我們能在思考的不同點上，依照自己的期望指示自身的心智該如何運作。思考是一種可以改進的技能，只要我們有心改善。

工具法是一套改進技能強而有效的辦法。本書中會敘述一些最基本的工具，它們取材自基礎的「CoRT 思考課程計畫」（CoRT Lessons programme），這套課程已經成為許多學校的教材，廣泛應用在各個不同年紀與能力的人身上。

02

LESSON

PMI：正面、負面、有趣面

戴上思考的眼鏡

　　規勸人們採取平衡的觀點，效果總是不大，這樣的諄諄誘導，幾乎霎時間就失去效用。大部分的人甚至宣稱他們一向都採取平衡的觀點，事實上並非如此。

　　所以，第一個簡單的思考工具涉及的就是寬廣的視野。本書中討論到的每種工具，都以字母縮寫簡稱命名，以便有個特定名稱可以輕易嵌入腦海，一大串字眼達不到這種效果。這些工具也都必須實際又合用。思考工具的設計中，有某些層面的作用乍看之下不容易明瞭，但是它們的存在有其必要理由。

　　我曾經要求七十位年輕聰明的成年人寫篇文章，內容是婚姻每五年就換約的合同。結果其中有六十七個人在文章的一開頭就表達他們的意見，然後用其餘的篇幅闡述理由以支持觀點。除了強化他們已經形成的看法，通篇都沒

有著墨議題的探討。有時候，這就是一般要求書寫文章時該有的格式。

就像我先前提過的，傳統思考的最大缺點就是想辦法支持已經形成的主張（得自於第一印象、隨便想想、偏見或因襲傳統），這是智力困境的主要陷阱之一，高智力的人更容易深陷其中。他們能夠輕而易舉地捍衛觀點，使得連花點時間探討整件事都顯得多餘。如果你知道你是對的，而且也能夠對其他人說明論證，又何必白費工夫探究這議題？

工具 1：PMI，簡單到不需要學習

PMI 是個強而有力的思考工具，而且簡單到不需要學習。因為每個人都自認為早就在做了。我特別選擇好發音的字首縮寫，讓我們方便要求自己或其他人「來做個 PMI 練習吧」：

P 代表「正面（Plus）或有利點。
M 代表「負面」（Minus）或不利點。
I 代表「有趣面」（Interesting）或有趣點。

PMI 是個引導注意力的工具。在做 PMI 練習時，你要刻意先將注意力集中在有利點，接著轉到負面點，最後

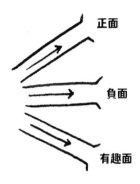

正面

負面

有趣面

考量有趣點。這個練習要以非常審慎和有紀律的態度在兩三分鐘內完成。

　　PMI 在 CoRT 思考課程中最早被學校採用，理由是除非吸收了 PMI 的一些觀念，否則其餘的六十堂課根本是浪費時間。PMI 有助於將心境調整成客觀和全面審視的心態，這一點我會在稍後解釋。

　　有一次我應邀到澳洲雪梨，為一群教育專家示範 CoRT 思考課程。在開始上課前，我跟在場的三十位男童（十～十一歲）說，只要他們乖乖上學，每個人一週都能拿到 5 澳元，這個主意他們覺得如何？他們全都愛死了這個構想，然後開始告訴我他們打算如何花用這些錢（買糖果、漫畫等等）。我於是解釋 PMI 方法，接著要求他們五人一組分組討論，針對這提案中的 5 澳元設想正面、負面和有趣面。三分鐘後，每個小組的發言人報告結論，出

現了許多論點：

- 個頭大的男孩會痛打他們，把錢搶走。

- 爸媽就不會給禮物或給零用錢。

- 學校會提高營養午餐的價錢。

- 誰有權決定每個年齡層的學童該給多少？

- 這筆錢會引發爭吵和肢體衝突。

- 這些錢從哪來？

- 付給老師的薪水就少了。

- 學校就沒錢買迷你巴士了。

在此練習的最後，我再問一次他們是否喜歡這主意。之前百分之百的孩童喜歡這構想，現在，顯然三十個裡面有二十九個完全反轉看法，不再喜歡這個構想了。最值得留意的是，光是一項簡單的審視工具，而且還是學童自己操作，就能產生這樣的變化。我並沒有多加介入，而對這議題本身也從沒說過任何一句話。

如果你想針對「所有的汽車都應該漆成黃色」這個議題做 PMI 練習，你的結論可能會像這樣：

P：正面

- 在路上比較顯眼。

- 夜晚時比較容易看得見。

- 省得你還得決定車子要漆成什麼顏色。
- 節省等待汽車漆成你所要顏色的時間
- 汽車製造商會省事許多。
- 經銷商可留較少的庫存。
- 可能會消除車主「雄赳赳」的味道。
- 汽車會回歸單純的交通工具本質。
- 發生小擦撞時留在你車上的烤漆顏色相同。

M：負面

- 無趣。
- 難以辨識自己的車子。
- 在停車場裡很難找到自己的車子。
- 偷竊汽車變得容易。
- 滿街的黃色汽車讓人眼睛疲乏。
- 警察在追逐歹徒汽車時會有困難。
- 意外事件的目擊者會更難辨別。
- 選擇的自由受限。
- 部分的油漆廠商會沒生意做。

I：有趣面

- 看看是否會出現各種色調的黃應該很有意思。
- 看看人們是否對安全因素有好評應該很有意思。

- 看看人們對車子的態度是否會改變應該很有意思。
- 看看是否出現不同顏色的邊飾應該很有意思。
- 看看這構想是否可行應該很有意思。
- 看看誰會支持這項提議應該很有意思。

完成這些步驟相當容易，難的是，即使一開始你的偏好就已經替你決定對該構想有什麼感覺，仍然得從一個方向到另一個方向地引導注意力。這種查看某個方向的「意願」正是其中的關鍵。過了這一關，接下來對智力的必然挑戰，就是盡可能發掘更多的正面、負面或有趣面。所以這當中有個轉變：**聰明才智不再用來支持你的偏愛，而是用於探究議題。**

探究結束後，你的情緒和感覺可以用來決定事情。這中間的差別在於，情緒的運用是在議題探究之後而非之前，也因此避免了阻礙議題的探索。

戴上眼鏡再掃瞄

我們有時候稱 CoRT 方法為「戴眼鏡法」。如果有個人近視，給他一副眼鏡，他就會看得更明白、更清晰，而且會開始適應這較佳的視野。他依然能夠根據舊的價值觀行事，只是現在對周遭形勢看得更清楚。像 PMI 之類的

思考工具就扮演著眼鏡的功能，讓我們能夠看得更明白、更清晰，然後依照我們所見做出反應。

曾經有位十三歲的女孩表示，一開始她覺得 PMI 很做作，因為她清楚明白自己對某個議題的感覺。然而當她逐步做完正面、負面和有趣面後，發現自己對得到的結果有反應，先前的感覺改變了。這正是你期待的結果：一旦某個念頭浮現腦海，並將它列於某些標題底下之後，這個念頭就再也無法抹去，而且終將影響最後的決定。

有一次一個男孩說，黃色汽車會是「正面」的有利點，因為你得讓它保持清潔。另一個男孩則宣稱，清潔根本是「負面的不利點」，因為他「得負責清洗他爸爸的車子」。兩人都對，以正面角度看清潔的男孩是對的，以負面角度看清潔的男孩也是對的。**在 PMI 練習中，我們不考量觀點本身的價值，目的不是價值判斷。我們期望的，是從不同方向查看時能看到什麼觀點。這個差別非常重要。**

有個女孩朝南看到教堂的尖塔，另一個在鄉間不同地點的女孩，朝北看時也看到相同的教堂尖塔。那麼這座教堂是南邊的教堂，還是北邊的教堂？顯然兩者都是。PMI 練習正是這樣。「正面」代表一個掃瞄的方向，就如同朝北看。我們檢視這個方向，看到我們所看見的，並且記下我們所看見的，然後再看下一個方向。這麼做的唯一目的是有效的掃瞄，而不是在認定價值。

有人問我，做這些步驟是不是要一一評斷找出來的點子，再將它們分門別類地放進「正面」或「負面」或「有趣面」的盒子中？這種想法大錯特錯，也毀了 PMI 練習想達成的目的。評斷想出來的點子是屬於判斷練習，檢視一個方向再轉到另一個方向是掃瞄練習。我們甚至有理由相信，當我們著手檢視「正面」或正向時，大腦的化學變化會與檢視「負面」或負向時稍有不同。

由於 PMI 將掃瞄闡釋得非常清楚透徹，它本身幾乎就可以成為思考課程的縮影。

有趣面，不管正反面

PMI 中的「I」或「有趣面」要素擁有幾個功能，可以納入所有既不正面也非負面的觀點和意見（若有某個觀點不管從正面或從負面看都有支持者，或許就該同時列入兩大項之下）。

這個「I」也會促使你養成審慎的習慣，除了以判斷為基礎的考量去探索事物，也發掘該構想的有趣面或探查可能引發什麼樣的後果。

有個簡單的句子可有效應用在這有趣面的掃瞄上：「看看會不會……應該很有意思」。思考的人得以擴展概念，而不是僵固地看待它。

「I」方向的另一個面向，是想知道這個概念是否

會引發出另一個構想。概念的「行動價值」（movement value）這個想法，在本書稍後有關水平思考的章節會有更詳細的探討。

最後，「I」能鍛鍊我們的心智去感應某個概念的趣味本質，而不光是判斷我們對這個概念的感覺。思考的人應該能夠說：「我不喜歡你的主意，不過其中倒是有……這些有趣的觀點。」我們大家都已經很有經驗，這樣的反應並不尋常。

來做個 PMI 好嗎？

許多人會說，他們多少都還是有在做 PMI 練習。在某些難以決斷的情況下，這或許是實話，但這不是 PMI 的主要目的。事實正好相反，在我們毫無疑問而且當下就可以決定喜歡或不喜歡時，才更應該做 PMI 練習（如同雪梨學童對每週得到 5 澳元的反應）。你得把 PMI 當成心智活動的習慣，因為它原本就是特別設計來強迫我們在這類狀況下掃瞄事物，否則你很可能會認為是多此一舉。

舉例來說，假使有人認為你的提議沒用，當場駁回時，你就可以要求他做 PMI 練習；當有人在某種情勢下似乎會倉促就決定，你也可以要求他做 PMI 練習。

PMI 有用是因為它比較迂迴，不直接爭論或反對。在 PMI 程序中，你要求別人的是展現他們最高的智能，

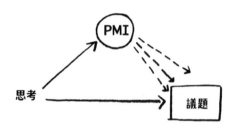

掃瞄檢視某個議題,這完全不同於要求別人推翻自己的主張。通常對方不會抗拒 PMI 練習,因為他們認為,做了只會更證明他們的觀點是對的。

　　我曾以一百四十位資深行政人員做實驗,根據他們的生日(單數或雙數)分成隨機的兩組。接下來我給每組一個議題,讓他們考慮並做決定,其中一組是:「印有發行年分的紙鈔,彼此之間有不同的兌換率。」另一組要思考的是:「婚姻是五年換約的合同。」最初的決定都留下紀錄,然後兩組再交換問題,先向他們解說 PMI 程序,而且要求每個人在做決定前都得先做 PMI 練習。

　　如果每個人一開始時就都做過類似的思索,那麼,前後兩次的試驗應該沒什麼差別(假定這兩組人是隨機的)。但確實有變化:在做 PMI 練習前,有 44% 的人支持印有發行年份的紙鈔,做過 PMI 練習後只有 11% 的人支持;另一個議題的情況剛好相反,在做 PMI 練習前只有 23% 的人支持,之後的支持率則上升至 38%。

做 PMI 練習並不完全等同於列出「贊成與反對」的觀點，因為那樣比較像在做判斷練習。另外加入的「有趣面」方向，使得原先排除在外、不屬於正反兩方的觀點都可以納入考量。

從「想一次」到「想兩次」

因此，思考的人不再只是對某種情況做出反應，再判斷這個反應，現在的他要歷經兩階段的程序：第一個步驟是，慎重地做 PMI 練習；第二個步驟是，觀察與因應 PMI 掃瞄檢視的成果。這無異是準備一份地圖，然後針對他在地圖上的位置而行動。

練習引導知覺

千萬別因為 PMI 看似非常簡單就低估它的成效，**我見過有個本來充滿情緒性偏激成見的會議，只因為做了 PMI 就轉變成對議題的深思探討。**一旦將知覺引導至某個方向，你不由自主的就會看見；而一旦看見了，就無法假裝它不存在。

練習是關鍵的所在。自己練習做 PMI，也練習要求別人做 PMI。你可以把練習簡化成速寫式的提示。陌生的字句之所以重要，在於它們能提示焦點。只是規勸別人考量有利點和不利之處，發揮不了多大效果。

下列六個項目可用來做 PMI 練習。每個項目的 PMI
練習時間是三分鐘，可以個別練習或小組討論。

1. 對於每個人都應該帶個徽章以顯示心情的提
   議，你的看法如何？
2. 每個孩童都應該有個老人來照料嗎？
3. 讓犯規的年輕人週末監禁，是個好主意嗎？
4. 是否應讓每個人都可以表明他們的稅金希望
   用在什麼地方？
5. 城市的中心區是否應該禁止汽車進入？

03

LESSON

APC：永遠準備
替代方案

在「沒有問題」裡找問題
如果選項有兩個，選第三個

　　思考本來就傾向於支持經由非思考方式獲得的觀點。也正是這一點，讓具有抵銷這種本能傾向功能的 PMI 成為重要的工具。同樣的，仔細搜索各種替代選項是思考技能中十分重要的一環，因為它也會降低這種心智的自然傾向。心智的自然傾向會朝向確定、安全和自負，源自於模式化（pattern-making）和模式應用（pattern-using）系統的運作過程，這部分我將在下一章中再解說。我們的心智，總想盡快清楚無誤的分辨與確認每件事。清楚的辨別與確認，意味著可以採取行動，而一堆替代選項則暗示著還不到行動的時候，因為同時有好幾個方向時很難行動。萬一這些方向中有一些是正好相反的，更不可能行動。

　　好醫生會先診斷疾病再進行治療。這個醫生的比喻，是用來說明兩難的處境，如果你是病人，你想給哪個醫生

看病：一位速戰速決的醫生，基於豐富的經驗迅速下診斷，驕傲地堅持自己的診斷，帶著無比的信心治療病人；或是一位仔細問診，盡量設想各種可能的治療方法，安排檢驗，最後才做出診斷進行治療（依然保持開放心態，不排斥修正診斷）？現實上，你可能會偏好那位極具自信的醫生。你當然不希望第二位醫生告訴你所有可能的選擇，也不會想看到他顯得遲疑或慌亂。理智上，就算第一位醫生其實正犯下可怕的錯誤，無論如何你都會欣賞他展現的極大自信。

心智的運作傾向第一位醫生的模式，因為我們得力爭上游過生活，而一堆混亂的替代選項多半表示遲疑或慌亂。就因為心智具有這種本能的傾向，所以我們必須發展一種有自覺的工具。就像 PMI 讓我們有個具體的指引，**每當需要尋找替代選項時就可以拿來利用。這項工具稱為** APC：

A 代表替代選項（Alternatives）；

P 代表可能性（Possibilities）；

C 代表選擇（Choice）。稍後我們將仔細看看這項工具的實際用途。

工具 2：APC，簡單的替代

有時候，搜尋替代選項既簡單又好玩，每當找到新的

替代選項時，我們都會感到某程度的樂趣。

下面的插圖沒有特別的含義，只是一個作業，要你列出它可能代表的所有不同事物。你可以先放下書本，著手列出所有你能想到的東西；也可以看看書中列出的例子，再試著自己加上別的可能：

- 兩個填充氦氣的氣球。
- 兩個插在木棒上的甜甜圈。
- 花。
- 樹。
- 標靶（斜視者眼中的影像）。
- 從兩根長管子的一端看過去的影像。
- 不用的輪式溜冰鞋。
- 從陽台看下去，兩位廚師在煎蛋。

這個作業有趣又不太難，但要找出所有的可能就很難

了。常見的情況是：有些事後看起來非常明顯的點子，當下卻很難想到——直到有人提出來。

想像在桌子上有一杯裝滿水的玻璃杯。這次的作業是要移除玻璃杯裡的水，前提是你不可以損壞杯子或使它傾斜。你能想出多少種方法？還是一樣，你可以先放下書本列出所有能想到的方法，也可以看看書中列出的例子，然後試著自己再增加一些想法。

- 以虹吸或吸管吸掉水。
- 吹氣將水吹出來。
- 使用清潔劑讓水冒泡溢出。
- 毛細作用（等同以碎布吸水）。
- 加熱使水蒸發。
- 使水結冰再拿掉冰。
- 將玻璃杯高速旋轉以產生離心力。
- 將沙子或小石頭放進玻璃杯以取代水。
- 使用海綿或吸水的東西。
- 使用灌水的氣球取代水，再將氣球拿開……。

這項作業一樣很容易，因為其中的限制（如實用性、成本等）很少。

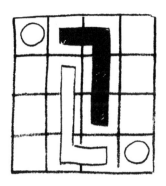

© de bono 1969, UK patent 1148172

稍難的替代：L 遊戲

許多年前的某一天，我在三一學院（Trinity College）享用晚餐時，身旁坐著知名的數學家李特伍德（Littlewood）教授。我們談起讓電腦下棋的可能性，我們都同意，讓電腦下棋相當棘手，因為牽涉到不少棋子和不同走法。設計一款簡單易上手、卻又需要一定程度技巧的下棋遊戲，似乎是一項有趣的挑戰。那次挑戰的結果是，我設計了「L 遊戲」。

在這個遊戲中，每個玩家只有一顆棋子：L 形棋子。玩的人依次將棋子拿起，再放到棋盤的空位上（上移、翻轉、移到棋盤對面空位……）。移動過 L 形棋子後，可以選擇要不要移動其中一個中性棋子（下圖中的圓點）至新的位置。遊戲的目標是封鎖對方的 L 形棋子，讓它再

也動不了。

　　上圖是遊戲開始時的模樣。第一個下的人有多少種走法？我算了一下，包括中性棋子共有六十種走法。對一些不熟悉這個遊戲的人來說，L形棋子的不同走法並不是那麼容易一眼就能看得出來。

　　再給你一個作業。你可想出多少種方式，可以將一個正方形切割成相同大小、相同形狀、相同體積的四小塊？實際上，大部分的人都可以想出六或七種不同的方法。事實上，符合前提的分割方法有無數多種，分割成無數種各式形狀小塊的方法也有很多種。其中有些方法並不是那麼容易想到，雖然事後看起來都很明顯。

更難的替代：關不掉的鬧鐘

　　當我們實際著手搜尋替代選項時，要想出幾個來並非真的很難（想出很多可能並不容易，找出所有選項則幾乎是不可能的任務），真正困難之處，在於一開始就決定要尋找不同替代選項。

　　以前我常常得趕搭早班飛機從洛杉磯飛往多倫多，於是我將旅館房間的鬧鐘設定在凌晨四點半。那是收音機型的鬧鐘，凌晨四點半準時響起，考量到隔壁的房客及當下是凌晨時分，我按下打盹按鈕；那原本是可以讓人再賴床幾分鐘的裝置，但沒有用，它還是響個不停。按下「關

閉」的按鈕？沒有用；重新設定時間？沒有用；拔掉牆上的插頭？沒有用（這倒不讓人意外，很多這類鬧鐘都有電池裝置以防斷電）；把枕頭壓在鬧鐘上？當然還是沒有用。這下子我似乎只有兩種選擇：打電話給服務台，難為情地詢問該如何讓鬧鐘停止；或者把它丟到一桶水裡。就在那個時候，而且是很偶然的，我這才發現那響亮的嗡嗡噪音根本不是從旅館的收音機鬧鐘傳出來的，而是我早已經設定好、卻忘記的另一個小鬧鐘在叫。

這故事的教訓是，我甚至未曾暫停想一下，噪音會不會是由別的地方發出來的。在我看來一切都很明顯，噪音一定是從我設定的收音機鬧鐘裡傳出來的，所以根本不認為還有其他的可能。如果我當時暫停下來想想別的可能性，就不必經歷那些惱人的事。而這種事，就發生在一位不時自認為有創造力的人身上。

也有完全相反的事件。在澳洲的某次研討會上，一位資深的電腦工程師似乎抓不到水平思考的竅門。第二天的咖啡時間過後，他帶著熱切的態度來找我。他告訴我：「過去二十五年來我喝咖啡都加兩包糖，一向是先撕開一包，再撕另一包。今天，我發現自己想都沒想就將兩個糖包疊在一起，一次撕開。這樣簡單多了。」

這兩個例子的困難之處不在於找不找得到替代選項，而是究竟有沒有著手去找。

村莊維納斯效應

這裡有個簡單的實驗，每次我拿來練習都覺得有用。地板上有兩塊小木板，木板的一端都有一個洞，上頭都綁著一段繩子。這個測驗是要利用這兩塊板子穿越房間，身體或衣服都不能碰到地面。

有些受試者會站在一塊板子上，接著將另一塊板子移到前面，再站上去，如此重複動作向前進。這種踏腳石的方法可達成目的，不過比較費時。

更常見的反應是，利用木板的繩子將木板綁在雙腳上，然後像溜冰或滑雪那樣滑過房間。

其實有一個比較好的方法，雖然我從沒看過有人一開始就這麼做放棄其中一塊板子。因為繩子是綁在木板前端，受試者可以雙腳站到一塊木板上，用繩子將木板固定在腳底上，然後快速的雙腳跳過房間。

「滑過去」的辦法似乎顯而易見、順理成章，所以幾乎沒有必要再想什麼替代選項。滿足於「適當」的解答或辦法，是尋求更好替代選項的最大阻礙。

在之前的著作《實用性思考》（Practical）中，我創造了一個名詞「村莊維納斯效應」（Village Venus effect）。偏僻村莊的居民（在網路發達前）認為，村子裡最美麗的女孩就是全世界最美的女孩；直到看到其他的美女前，他們不相信會有比她更美的女孩。這種現象，也

時常發生在科學界、工業界、政府部門及其他領域。因為很滿意於現有的，我們無法相信還有更好的──除非我們願意想像會有更好的，不然我們不會有尋找的動機。只有領悟到這一點，並且堅決行動，我們才能開始設想替代選項。另一方面，即使明知大多數的情況下應該不會發現有任何更好的，仍然願意投資思考的時間。

在同一本書中，另外提出「狄波諾第二定律（de Bono's second law）」概念。簡言之是：「看起來像證據的，或許只不過是因為缺乏想像力。」

我們時常被某個假說或解釋說服，因為我們想不出其他的解釋。有個典型的例子就是達爾文（Charles Darwin）的演化論。它看似可信、合理而且比其他的解釋更好，但它也無法證明。我們對它的證明，建立在我們的貧乏想像力無法設想出一個更好的機制。同樣的，我們可能會否決拉馬克（Lamarck）的演化機制，因為我們無法信服那怎麼會發生。部分的達爾文理論是贅述：如果某生物倖存，它必定是個倖存者。至於達爾文理論中的變異機制，也同樣發生在病毒和細菌身上；它們的世代繁衍，比動物快了數千倍。變異透過基因轉移而移轉到動物身上，我們知道這情況確實會發生。或者我們也許會發生非基因性的演化：化學誘發物質和抑制物質不間斷的由母親傳遞給子女（這情況會導向拉馬克的演化論）。

整體而言，科學上合適的理論是進步的最大阻礙。然而，開啟水閘門讓所有怪誕和混亂的理論充斥也很不切實際。

事實上，在科學界裡我們總是先接受一個假說，直到我們能夠否決它，再前進到一個比較好的假說。為了否定該假說，我們會進行實驗，然而我們的內心其實是想證明它（這是人的天性和人類的自我需求）。這套方式的謬誤之處，是現有的假說限定了我們的知覺，以及我們會去找哪類的證據。抱持著公認為正統的假說時，通常得靠錯誤、意外或巧合，才能挖掘出沒有刻意尋找的意外證據。所以我們該怎麼辦？最簡單的答案是改變習慣方式。我們要多花一點時間努力思索替代選項，而非只是緊抱著最佳的假說。這麼做，並不是為了否決那些替代選項以支持最佳的假說，而是讓我們能夠有更寬廣的角度看事情。不過就像許多人一樣，科學家從沒特別關心過思考的運作。

「針對特定論點」玩玩 APC

就如同我先前提過的，APC 分別代表「替代選項（Alternatives）」、「可能性」（Possibilities）和「選擇」（Choices）。選那三個字母是為了好發音，在不同的情況下，或許有別的字眼更適用，不過沒有必要區分三者的不同。APC 練習，是針對特定論點仔細想出各種替代的

選項。

　　就像在做 PMI 一樣，APC 練習只不過是想實現「針對特定論點」去搜尋各種替代選項的期望。這中間沒有任何神奇之處，卻很有用，它將一般的期望轉換為特定的操作指示（或者「執行概念」）。接著我們來看一些 APC 的練習吧。

解釋：往油箱裡倒啤酒

　　有人看到一個年輕人在加油站裡，將數罐啤酒倒進汽車的油箱中──請針對這情況做 APC 練習。這個行為可能有些什麼樣的解釋？下面列出一些替代選項，試著想出新的加進去：

- 那不是他的車：他在破壞車子。
- 他喝醉了。
- 啤酒廣告的噱頭。
- 因為加油站的幫浦故障，所以他用啤酒罐裝汽油。

　　在判斷別人的行為、試圖解釋民調的起伏，以及檢驗市場行為時，我們必須想盡各種可能的解釋，不論其可信程度如何。這個搜尋舉動，不僅僅只在找出最有可能的，

還要找出一些其他的。在「解釋」這個範疇裡，人們太容易陷入「適當解釋」的困境。

假設：過程還是答案？

男人抽菸似乎有減少，而女人抽菸似乎增加了，針對此一議題做 APC 練習，提出一些假設來解釋可能的原因。有些時候，假設差不多就等於解釋，大體說來，解釋涉及單一的事件或實例，而假設則涉及過程或趨勢。正如先前提到的，我們必須想出各種可能的假設，不論我們有多想認定其中一個是最好的，並且是「真的」。

觀點：我的困難，也是對手的困難

有一次，我在紐西蘭和一群資深企業家談論機會開發，許多人抱怨紐西蘭有一大堆的限制和法規，讓他們追求機會時困難重重。其中一位看事情的方式有別於其他人，他歡迎這些法規，並表示：「只要你學會如何因應這些法規，想想它們如何有效的阻礙了競爭對手和新進入者，所以我視它們為增加機會。」

一項研究計畫指稱有游泳池的學校學童花更多時間在游泳上，結果這項計畫被指責是在浪費錢。針對這個議題做 APC 練習：你還可以用其他什麼方式看待此計畫？

問題：你想到的，別人想得到嗎？

在問題方面，APC 有幾個不同的角度可以發揮功能。首先是問題的定義，某個問題的最佳定義，只能以尋找解答再反推其定義的方式獲得。不過我們可以尋找問題定義的各種替代選項，比如針對城市交通尖峰問題的定義做 APC 練習，設想各種可能的替代選項。

應用 APC 處理問題時可以設想許多方案，以避免一開始就只想找出最好的方案。做個 APC 練習：為城市交通尖峰問題設法想出四種不同的解決方案。最後，當我們有一個適宜的解決方案時，可先將它擱在一旁，繼續尋求不同的解決辦法。終於能找到一個解決方法所帶來的滿足，會使我們很不願意再找其他的；況且，其他的辦法可能別人已經先想到了！

回顧：在「沒有問題」裡找問題

所謂問題，是指被迫要去處理的事；至於回顧則需要一點意志力，針對沒發生問題，一切合理進行、不需要費心的事重新檢視一遍。無論如何，還是要檢視它，看看程序是否能再簡化，或者更有效率，或是更有生產力。這總是涉及檢視到底還有沒有其他的方法可運作（也包括這舉動有沒有做的必要）。請以巧克力棒的包裝為議題，做個 APC 練習（以回顧的形態）。

同一方向

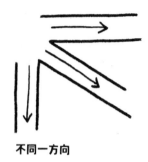

不同一方向

設計：找出真正不同類型的辦法

所謂「設計」，是著手開創某事物以達成某個目標。這多少比解決問題自由多了，因為只要能達成目標，大可利用不同的方式和不同的形式。

就 APC 來說，這裡的重點是，你在運用替代選項的時候，要認清哪些是屬於同類型的辦法，哪些是真正不同類型的辦法。就我過往的經驗，你以為的不同辦法，只不過是同類型的小分支。

請就設計電話的議題，做個 APC 練習。

決策：足夠的替代選項

商學院和管理訓練都非常強調下決策──這部分我將在本書稍後提到。這是認定替代選項都很明顯也不難找，然而常會發生的狀況是，困難的決策肇因於無法提出足夠的替代選項。決策過程本身不會產生這些替代選項，所以

我們有必要將部分強調重點從在幾個替代選項中下決定，轉移到提出不同的替代選項。當競爭對手壓低捲筒衛生紙的價格時，你得決定是否跟進，正面迎戰。請做個 APC 練習，提出不同的替代選項以供你做決定。

如果有兩個行動方案，選第三個

曾經有人告訴我一個古老的猶太格言，「如果有兩個行動方案，你永遠應該選擇第三個。」在做決定之時，這格言將強調的重點完全移轉到尋求替代選項上。尋找各種行動方案涉及的，是解決問題、設計和下決定，假定你發明了一款新的兒童遊戲，做 APC 練習設想各種可行的行動方案。

預測：看現在想未來

不管在商界或其他領域，對未來做某種程度的預測都是件重大的事。現在做的決定和計畫，都要在未來實行；現在做的投資，未來都會有報償；而所有的未來預測，都是依據目前趨勢的推測。無論這方法有多麼不精準，以其他方法得到的預測也同樣無法令人信服。

儘管我們知道現狀不會持續，未來也不會就只照著目前的趨勢走，但我們能做的，頂多就是以審慎的態度設想未來可能的前景，讓它們充實我們的知覺，甚至直到它真

的發生前，我們都認為絕無可能。在這方面，科幻小說提供了有用的功能。做 APC 練習，為娛樂產業創作可能的未來世界劇本。

上面列了一些 APC 練習可能會發揮的功效，不過這些還不完整。我們也應該著眼於協商、溝通、尋求機會、投資、規畫，以及許多其他領域。重要的是能夠對我們自己或團體中的其他人說：「針對這點，我們來做個 APC 吧。」

現實：你永遠想不出最好的主意

APC 程序常會面對兩個反對理由：第一是浪費時間和增加不必要的工作，第二是太多的選擇會讓人因遲疑不定而產生慌亂。

對第一個反對理由的回應是，除非你花過功夫想過別的解答，否則無法確定第一個解答就是最好的。從更多選項中做抉擇確實累人，但縮減選擇範圍並無法增進你的決策能力。不喜歡做決定的人，就應該找別的工作。

對第二個反對理由的回應是，你必須狠下心來做個實際了結。雷達之父羅伯‧華生 - 瓦特（Robert Watson-Watt）爵士說過一段格言：「**你今天想到一個主意，明天你會想到一個更好的，想出最好的主意……永遠不可能。**」這點我同意。老是在修改設計的設計師是不可能做

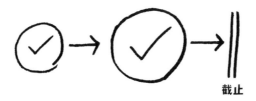

截止

出產品的。如果我重寫我的稿子，出來的結果一定比較好──但是永遠不可能出版，因為改進是永無止境的。

　　所以，我們需要有個實際了結、最後期限和凍結設計。

　　重點是，我們不應該因為構想不出比現在更好的，就抗拒尋找各種替代選項。再一點，我們不應該為了可能增加額外麻煩，便害怕尋求不同的替代選項。

克服尋求安穩的習性

　　缺乏尋求不同替代選項的意願，將使我們依舊身陷過去的困境，以及受到以往慣性作為的宰制。如果你構想出來的替代選項沒有優於現在的處理辦法，可以拋棄它；但是假如不去設想各種替代選項，你就永遠沒有新的選擇。

　　構想各種替代選項開啟了各種可能性。正如同我在前言中所說的，「可能性」系統是西方科技成就的驅動力。

　　一個能夠刻意發出必須尋求各種替代選項訊號的工具，是個關鍵的思考工具。

由於心智的習性本質是尋求安穩而非各種可能，所以我們更需要它。

隨堂練習

嘗試下面的練習：

1. 一向準時出現的人遲到了，有些什麼解釋？

2. 竊盜案件突然爆增，提出一些可能的解釋。

3. 你的古董店對面新開了一間古董店，你該考慮哪些行動？

4. 街上交通愈來愈壅塞，但是你必須開車通勤，你會考慮哪些行動？

5. 你想勸阻年輕人抽菸。有些什麼辦法？

6. 設想一些處理校園霸凌的方法。

04

高效率思考模式

思考是為了不必再思考

　　思考的主要目的是什麼？

　　思考的主要目的是不再思考。心智的運作是要從混亂與不確定中理出頭緒，是要從外在世界中辨識出熟悉的模式。辨識出有這樣一個模式存在，心智運作立即套入並遵循其模式——不需要再有進一步的思索。這有點像開車，一旦開到了熟識的道路，你就不再看地圖、丟開羅盤、停止問路，甚至連路上的交通標誌都忽略了。在某種程度上，我們的思考就是持續的在尋找這些熟識的道路，最終達到不需思考的的地步。

　　不過，究竟這些模式是如何形成的？心智又如何運用它們？這一切如何影響我們的思考，我們又該怎麼面對？

　　為了了解思考，必須知道心智在發揮資訊處理系統的功能時如何運作。這就是我打算在本章闡述的議題。

本章是討論覺知的章節，PMI 和 APC 都是練習和運用的工具。我希望在此章節說明一些心智運作的概念，這樣的覺知是整體思考技能中的重要部分。

會爬牆不如爬對牆

在《思考探奇》這本我的著作中提到下面的故事。

到牛津的第一天，下班後我得去參加倫敦的一場聚會，回來時學院大門一定關閉了，因此我問一位老鳥怎麼爬牆回學院。他說很簡單：「先爬過一道牆，再爬第二道牆，接著再從腳踏車棚的棚頂跳下學院方庭。」我大約在凌晨三點回到牛津，開始爬高約十五呎的第一道牆。跳下牆的另一面後，來到差不多高度的第二道牆，爬上去再跳到另一面。

好一陣子之後我才明白，我又回到外面的草皮上了：如下圖所示，我爬進又爬出了一個牆角落，只好從頭再來一次。這一次我更小心勘查第二道牆，我發現了一道鐵門，看來比較容易爬。但當我爬上鐵門頂端時，鐵門卻緩緩地旋轉開來──門根本沒鎖。我就這麼回到了學院。

在一次會議中，我對著電腦事業群的人敘述上面這個故事時，其中一人說他也有類似的經驗，而且就在相同的地點。然而他似乎酒喝得比我更多一點，他爬到牆上後失足跌落。不過這並沒有造成什麼大礙，所以他站起來繼續

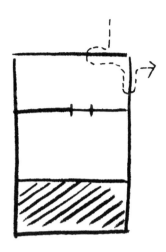

爬牆，不幸的是，他跌到牆裡面去了。所以他發現，他和我一樣爬回外面的草皮上。

這兩個故事的教訓非常清楚：高超的爬牆技巧，不足以保證你會爬對牆。這個教訓對思考極為重要，因為「爬牆」代表「處理」，而「牆的認定」代表「知覺」。所以我們學到：**優越的處理無法彌補知覺的不足。**

知覺是我們看待事情的方式。處理是有了那樣的知覺後我們要做什麼。在我們的思想中已經接受了三個謬論：第一，你從哪裡開始都無所謂（亦即你的知覺），因為如果你的思考夠優秀，你會找到對的答案；第二，由身處的情勢以及藉由更多的處理程序，你可以確認應該從哪兒開始；第三，傳統的知覺足以應付，因為它是長時間的嘗試

錯誤得來的成果。這三個謬論使我們關注於處理程序，而我們也確實發展出許多了不起的工具，例如數學。我們忽略了知覺層面，因為我們能做的似乎不多。

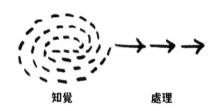

知覺　　　　　　處理

矛盾的是，擁有超級「處理」能力的電腦技術發展，反而使我們將注意力轉回知覺層面。一旦我們將處理程序視為家常便飯，知覺就變得更重要，因為我們怎麼看待情勢，將決定我們要如何因應。

現實生活中的大部分思考都發生在知覺層面：我們如何看待事情。只有在很特殊的情況下，我們才會著手複雜的處理程序。因為愈來愈多的處理工作未來將交由電腦完成，知覺方面的思考則留給人類，我們在這方面必須做得更好。

我喜歡用酒與醋的問題（有時候用的是酒與水）來說明知覺問題。你正準備做沙拉醬，眼前擺著一杯橄欖油和一杯紅酒醋。你先從橄欖油杯子中舀一湯匙的油，倒進紅酒醋杯中；攪拌均勻後，再從杯中舀出一湯匙的混合液，

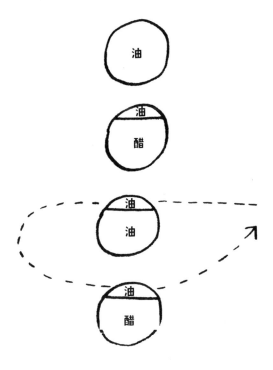

倒回橄欖油杯子中。然後，你停下來想一想：現在是紅酒醋杯中的油比較多，還是橄欖油杯中的醋比較多，或者其他？（雖然不重要，不過我們可以假定一湯匙的容量不到杯子的五分之一。）

我在之前的著作《水平思考法》（*The Use of Lateral*）中曾提到，紅酒醋杯中的油和橄欖油杯中的醋一樣多。不但我的出版商很懷疑這個主張，出版後還有一位邏輯學專家寫信給我，客氣地指正我的錯誤。他說一湯匙的油是純

粹的油，第二次舀的是混合液，其中所含的醋比第一湯匙的油少，所以紅酒醋杯中的油比橄欖油杯中的醋多，邏輯上無懈可擊，不過在知覺上有缺陷。

　　上圖是以不同的方式看待此問題。兩湯匙的容量相等，第一湯匙舀的是純粹的油，第二次舀的是混合液，如上圖所示，油浮在醋上。這少量的油從哪來的？顯然是從紅酒醋杯中來的。但是這個杯子裡一開始並沒有油，所以這少量的油必定循環移動了一回：從第一湯匙過去，最後從第二湯匙回到原來的起始點，所以幾乎等於沒移動過。如果我們現在從兩支湯匙中各抽掉這少量的油，兩湯匙中所剩的容量必定相等：其中一支湯匙是油，另一支是醋。所以交換的油和醋必定是等量，有多少油回到原來的地方其實無關緊要。事實上，連油有沒有混入醋中都無所謂。

　　假如你從 1 開始連續加上奇數，你總會得到一個平方數。

$1+3=4=2^2$

$1+3+5=9=3^2$

$1+3+5+7=16=4^2$

你會怎麼證明它必定為真？解決這問題的方法有很多種。有個特別簡單的方法如下圖所示。

　　圖中的方塊代表數字。如果我們將數列 1+3+5+7……一直加上去，圖中的方塊就會一層層疊高。我們現在要做

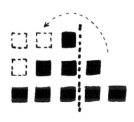

的就是畫一條線將一邊切開，然後顯示切下來的部分吻合
另一邊的缺口合起來正好是正方形。不論方塊疊得有多
高，結果都為真。

上述的例子，只是要說明「知覺」和「處理」的不
同。「知覺」是我們在一開始時如何看待事情，「處理」
是有了這知覺之後我們的作為。

誰會花一個月過馬路？

如果你在下面的井字圖形中任選一格，接著再選另一
格，直到全部格子都選完。你有多少種不同的選法？

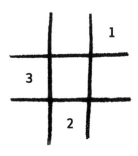

有些人說有二十七種，另一些人提出的答案是有數百種。正確的答案（我認為）不少於三十六萬二千八百八十種。這個出乎意料的龐大數字，不過是得自於數學上的排列組合（有多少種不同的排列組合方式）。

我曾經發明一種簡單的拼圖，總共只有十六片小方塊。目標是將這十六片小方塊組合成正方形的特殊圖案，除非這些小方塊都排在正確位置、形成了圖案，你無法確定哪塊應該排在哪塊旁邊。因為每個小方塊都有正反兩面，所以這個只由十六小塊組成的拼圖，得花你好幾百萬年才能排出所有不同的組合──而且是每秒排一塊、日以繼夜地排。

如果我們連過個馬路都得先分析所能獲得的資訊，並且試驗不同的方法，那麼沒有一個月以上的時間是過不去馬路的另一邊的。

我們不會花一個月的時間過個馬路，因為我們的心智不是以這種方式運作。我們會在適宜的時間過馬路，因為心智的設定是要「極度缺乏創造性」，要不然就會很沒效益。

心智會自動跟著模式走

心智（在知覺過程）有個內定的方法，藉此將接收到的訊息有條理地編列、歸入模式中，如下圖所示。我們將

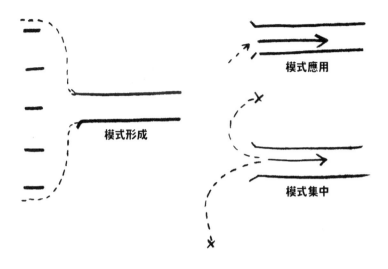

模式應用

模式形成

模式集中

簡單扼要的看一下，這到底是怎麼發生的。

　　一旦建立起模式，心智就不再分析或區分資訊，而是以足夠的資訊啟動模式；然後心智便自動依循模式走，就如同汽車駕駛在熟識的街道上開車一樣。路上只要有不明物體以一定的速度移動，便會立即認定它是一輛來車。

　　心智的模式譜系還有另一個重要的特質：除非有其他競爭模式，否則任何與既有模式隱約相似的東西都會比照處理。這情況與山脈的分水嶺沒什麼兩樣：除非還有其他山脈存在，不然落在遠處的雨水，終究還是會流到山谷中央。我們可稱之為「模式的集中」，如下圖所示。

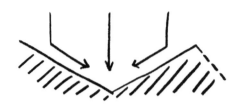

你的心智：沙盤、膠盤還是黏液盤？

下圖是一盤沙。一顆鋼珠掉落在沙盤的特定點上，下陷到沙子表面，但停留在原來的落點上。同樣的情況，就像鉛筆在一張紙上的特定點作記號，或是改變磁帶特定點上的磁性，紙張、磁帶和沙子都承載了被動、加諸其上的精確記錄。我們的資訊記錄系統，也是這種被動形態。

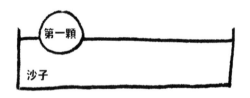

現在我們還是有個盤子，但這次的表面是鑄模塑膠（如下頁圖）。我們重複之前的相同動作，讓鋼珠掉落在盤子表面。這一次鋼珠不會停留在原來的落點，而是滾到斜面底部。無論鋼珠的落點在哪裡，終究都會滾到相同的位置。這個表面如今「改變」了接收進來的訊息。與沙盤

不同的是，塑膠盤並不會保留精確的原始發生紀錄。接收到的訊息，已經改變了或「扭曲」了，不再是個被動的資訊系統，而是主動的。

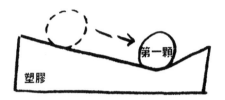

我們接著看下圖的第三個盤子。盤裡裝的是濃稠的黏液，表面覆蓋上強韌的膜。我們讓鋼珠掉落在盤子表面，看著它緩緩下沉。當它還停在膜面受壓處時，狀況看起來類似塑膠盤，假如我們再讓第二顆鋼珠掉落盤子表面，鋼珠會順著斜坡滾下，最後靠在第一顆球旁。

就像塑膠盤一樣，這個「黏液盤」是個主動的資訊系統。就塑膠盤的情況來說，它的表面輪廓在鋼珠落下之前

就已經定型了。至於黏液盤的狀況，則是第一顆鋼珠塑造了表面的輪廓。事實上，黏液盤是一種能夠讓接收到的資訊自我組織成不同類別的環境。

我們接下來看其他模型。這一次的被動表面，是鋪在桌面的一張紙巾。旁邊還有一缽墨水。從缽中舀出一匙墨水，倒在紙巾的特定點上。墨水在該點上留下了印記。重複此步驟直到如下圖所示。

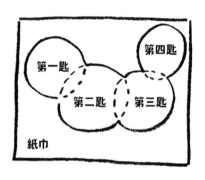

紙巾表面是一個精確而被動的記憶表面。現在我們拿掉紙巾、換上淺盤，淺盤裡是明膠或果凍，而墨水則經過加熱。當一匙熱水倒在明膠表面時，明膠會遇熱溶化。如果我們倒掉冷卻的墨水與溶化的明膠，明膠表面就會出現一個小凹洞。假如我們再比照之前紙巾的例子，於相同的位置依序倒下熱墨水，那麼熱墨水會流進小凹洞，把它溶得更深。第三和第四匙也都會發生相同的狀況。

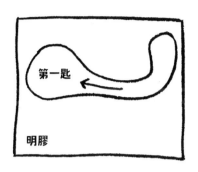

最後明膠表面會溶蝕出類似「通道」或「軌跡」的凹
槽，如下頁圖所示，明膠表面和黏液盤的狀況非常類似。
在這兩個案例中，第一個接收到的訊息改變了表面。改變
過後的表面跟著影響之後資訊接收的方式。明膠的模型更
複雜，因為資訊會「自我組織成軌跡或模式」。

　　一旦模式形成，後到的資訊會「順流」至此一模式或
通道永遠依照相同的方法，並且強化了該模式，使它更加
穩固。

　　黏液盤和明膠盤的例子，說明了特定的表面類型怎麼
提供一個環境，使得後到的資訊能自我組織、編入模式
中。心智的神經網絡，似乎也以類似的方式運作。至於這
些相互連結的神經網絡如何讓新到的資訊自我組織、編入
模式中，在早先的著作《思考探奇》中有詳盡的解說。想
深入了解的讀者可看那本書。

　　我在 1969 年寫《思考探奇》時，書中提及的觀念還

相當罕見，如今「自我組織資訊系統」這樣的概念已經成為主流，領域中也有更多的研究成果。類神經網絡電腦就是比照這種方式運作，事實上，我在書中提到的模型成了電腦設計的靈感，後來也證明的確管用。

　　了解大腦如何運作，對設計思考工具而言非常重要。否則我們只能描述可能發生了什麼，然後嘗試以這個描述當工具這是一般常用的方法，但比起先了解系統運作方式再設計工具的功效差很多。單就這一點，便足以讓人意識到，「主動」資訊系統與我們常用的「被動」系統有什麼差別，以及這樣的系統如何讓資訊自我組織、編入模式中。

　　我們現在可以忘掉一切有關模式如何形成的問題，把它們視為通道、馬路或軌跡。一旦你進入了開頭，就可以順著走或「順流」至終點。

思考是為了不必再思考

　　知覺的目的是要建立模式，然後使用它們。就如同我早先所說的，思考的目的是要找出類似的模式，免得我們還得再度思考。我們可以在很多標題當中看到這樣的模式應用。

辨識：人類心智最了不起的特質

看到潦草的字跡時，一開始辨認起來可能很花時間，但突然之間就會變得比較好認；而在閱讀印刷字體時，我們只會快速瞄過，幾乎不會察覺到這種「模式辨識」。只有在發生困難時（譬如在電話通訊不良的情況下，辨認熟悉的聲音），我們才會察覺主動辨識的程序：辨別模式的努力。

成年人常常會花上好幾個小時或好幾天才拼得好魔術方塊，小孩子卻只要幾分鐘就能完成，最快紀錄約二十五秒左右。顯然這裡解決問題的重點不是多少時間，而是模式辨識。辨認出特定的模式會引發連續的行為反應，觸動另一個模式，接著再引發其他的連續行為反應，如此直到最後。

這種模式辨識，是人類心智最了不起的特質，讓我們能夠招呼朋友和使用語言，讓我們能夠吃喝和生存。整個有意識的生活都根基於此，在知覺中，所有的努力都指向辨識出熟悉的模式。

模式錯，步步錯

下圖是一個相當特別的木頭方塊設計圖。有人將此設計圖拿給一位木匠，要求他做一個這樣的木塊。方塊的上、下部分要分別用不同材質的木材，以鳩尾榫頭接合，

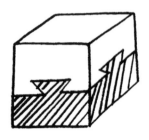

如下圖。木頭方塊的其他面也都要像設計圖上的一樣。問題是：木匠有沒有可能實際製作出這樣的木頭方塊？

乍看之下，似乎不可能。我們想像，榫頭的切線應該如下圖所示。上、下兩木塊不可能組合，就算如果它們能以某種方法組合起來，以後就不可能拆開。用這種模式思考，我們應該會拒絕這設計圖。

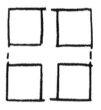

但是這個模式不對。構成這個木頭方塊是可行的。而且組合起來之後，也可以將上、下兩部分拆開。一般大家想像的榫頭切線是直角交叉，如上圖所示。但應該是以斜

線方式，如下圖所示。採用此一方式，上、下兩部分便可以輕易地接合或拆開。

在此例中，模式辨識將我們引入歧途，因為我們辨識的模式是錯誤的。在模式辨識系統中，偶爾引用錯誤的模式在所難免。另一個可想見的結果是，**我們所建立的模式愈少，就愈常會引用到錯誤的模式。**

抽取：隱藏的模式

心智擅長辨識整體模式，例如臉孔、字母或單字。它也非常善於萃取或抽取隱藏的模式。假設你隨機選出八樣東西，將名稱寫在紙上，很可能看到這個名單的人就會將它們以某種模式區分成兩組，每組四個——即使這些詞彙都是隨機選出的。想想下列的名單：

狗

雨傘

魚

汽車

牙膏

桌子

帽子

錢

你有多少種可以將它們均分成兩組的方式？你可以隨便選八個詞彙做練習。如果你與一群人一起做練習，你會更驚訝於有多少種抽取方式。

抽取的模式是以題材、還是以我們所選擇的方式來考量？這些模式是受到題材的啟發，最後再以它來檢驗題材；不過模式必須先存在於我們的腦海中，才有可能拿來運用。

歸類：要歸併，也要分化

歸類的程序讓生活變得容易許多。我們不會去一一認識每輛汽車，而是把它們全部歸為一大類「汽車」，並且根據某些目的（例如過馬路），將它們全視為同性質的東西。歸類和分級也能讓我們對事物做一些預測。我們辨識出某樣東西屬於一個類別（譬如車輛屬於「汽車」類別），於是接著推斷那樣東西具有該類別的特性（車輛具

有方向盤）。這是正統哲理的根基。我們真正要說的是，我們期待某些特性的組合能搭配在一起，使我們一旦辨識出某些特質後，就能利用已建立的模式預測其他的。

所謂「歸併者」（Lumper），是那些著眼於共同特點而將東西歸併為同一類的人；「分化者」（Splitter）指的，則是那些著眼於差異點而將東西分門別類的人。歸併與分化的明智組合是科學的根基。

分析：拆解，檢視

分析有兩大類型。第一類是我們努力將複雜的狀況拆解成熟悉而可辨識的模式，我們假設這些元素實際組合起來後會還原成當初狀況：它們是構成的組件。第二類分析則更像解釋，我們檢視該狀況、嘗試辨認出我們熟悉的模式，只是不會假設它們實際上是構成組件。後者的分析方式，非常接近抽象化思考。

中國的科學相當先進，遠早於西方科學的發展。為什麼後來此消彼長？西方理論學家開始研究並提出各種解釋：心靈層級的差異和好談怪力亂神，促使事件以特定的方式發生，讓科學消失了。這是一種解釋形態的分析。西方科學試圖遵循「組成」形態的分析，避開怪力亂神的方法。然而面臨的兩難處境是：太多的概念會拖累議題（因為所有事情都有可能），而太少的概念一樣拖累議題（因

為證據是由概念導出的）。

覺察、覺察再覺察

我們必須覺察到思考的知覺部分極為重要。

我們必須覺察到心智的運作在知覺中有如自我組織資
訊系統（主動系統），它可使新體驗自我組織、編入模式
中。這是一個十分了不起的系統，使我們能理解世界，少
了它根本不可能生活。我們必須覺察到，思考的目的是要
搜尋這些熟悉的模式，然後停止思考快速進入模式中。

我們必須覺察到自己或許常會陷入錯誤的模式中。

我們更必須覺察到，存在於我們心裡的模式指令將會
決定我們的辨識、抽象化能力、分類的分析和思考。

藝術：經驗的特殊管道

藝術的目的之一，是要幫助我們的心智囤積額外的模
式。藝術使經驗的模式定型，我們因此能夠吸收它們，無
須親身經歷再藉由緩慢的歸納程序才能習得。藝術還能給
予我們一連串別處無法得到的經驗。在某種意義上，藝術
是一種加速的生命機器。

養成思考的習慣

倘若我們能夠養成習慣，先退一步，再試著挑出特定

情境下可能會使用到的模式，將有莫大的助益。舉例來說，目前有許多心理治療法依舊沿用佛洛伊德學派的模式：深入內心挖掘，找出對感情和行為的潛意識解釋。在教育上的模式，則是提供資訊，再讓心智在處理資訊的同時養成思考習慣，這樣就夠了。政治上則是當事人進行主義（adversary system），反對黨主張其思想意識的正當性，透過選舉取得多數同意後，將其思想意識強加在每個人身上。

隨堂練習

試著在下列的領域中找出其普遍盛行的基本模式：

1. 電視廣告
2. 勞資關係
3. 報紙
4. 度假
5. 購屋
6. 穿牛仔褲

05

LESSON

PO，激發新論點

從既定的模式中脫逃

　　我第一次想到「水平思考」（lateral thinking）這個名詞，是在 1967 年的一次訪談中，如今它已經成為英語詞彙的一部分，而且廣受使用。這是因為，我們確實需要有個詞彙來形容涉及改變知覺和觀念的思考方式。「創造力」的含義太廣泛、也太模糊，它涵蓋了藝術表現和各式各樣的事，但與改變知覺和觀念沒什麼相關。「水平思考」是一個深思熟慮且嚴謹的程序，也有一些工具可以輔助做到。

　　進步有兩種形態，一種是快速的，另一種則是非常緩慢的進步。

　　第一種形態如下圖所示。我們在向前行時，有項科技介入或是有個構想導入，使移動加快；另一個因素的介入，又使進步更加快速──依此類推。在第一架飛機成功

起飛前就出生的人，有些現今還活著。前一陣子在飛越大西洋途中，我想到那匙正往我嘴裡送的馬鈴薯泥，移動速度其實比來福槍射出的子彈更快。其他坐在協和式超音速噴射客機裡的乘客也一樣。在非常短的時間內，我們可以有非比尋常的「進步」。

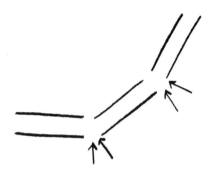

今天花 1,000 英鎊左右買一部個人電腦，功能遠比第一部造價 500 萬美元（換算成當今的幣值）、占地三個房間的龐大電腦強得多。

就算只花個 500 英鎊，也能買到一部功能相當不錯的個人電腦。這也是個驚人的進步。

然後是另一種形態的進步。**我們的經驗形成特定的觀念、模式和組織，習慣遵循已經建立好的模式行事。**為了求進步，我們或許有必要改變立場，更換一個更符合現況的模式；但我們沒有這種改變立場或轉換模式的機制，所

以進步極其緩慢，這類緩慢的進步常見於社會領域，與科技領域的進步形成極大的對比。這不是誰的錯，我們的心智就是這麼運作的，組織也是，它們是過去的總結，而非未來的藍圖。這種緩慢的進步如下圖所示。

改變模式的機制：錯誤、意外和幽默

在之前的章節裡，我們著眼於大腦在創建與運用模式上的，使我們能夠理解世界並且生存下去的驚人系統，少了這樣的系統，生活根本不可能持續。大腦的主要目的是要聰明地躲過創造性情境，本來就應該如此，但偶爾還是有必要改變模式。這一點其實有困難，因為我們真的沒有任何機制來做這件事。在政治意識上，我們擁有極大消耗力又無效率的「對抗」制度；在科學和思想上，我們傾向於使用這種方法──因為沒有其他更好的。

醫學上的重大發現，大部分都肇因於偶然的觀察、發

生意外或犯錯，這反倒沒什麼好意外的，因為像人體這般複雜的系統，系統性的探究其實並不可行，一旦有「突破」發生，科學方法便能接手分析和發展。

由心智的角度看，**模式改變的機制是錯誤、意外和幽默。設想其他機制會是什麼模樣有其困難，光靠現有的模式運作，並不會引導出新的模式。**

幽默：跳脫模式的最佳途徑

哲學家、心理學家和資訊理論專家對幽默的關切，總是少得令我覺得非常驚訝。幽默或許是人類心智中最值得留意的特徵，透露許多系統如何運作的訊息，遠比我們從其他方式得到的更多。理性判斷能告訴我們的十分有限，我們可以用水晶、算盤珠子、齒輪或電子設備來設計推理系統，但幽默只發生在自我組織模式系統，只在人類知覺上才找得到的一類系統。

幽默意味著從一個模式中逃脫，然後轉換到另一個模式。

我在下圖中畫了一條主要路線或模式，以及一條支線。在我們沿著主要路線行進時，支線是難以進入的，這是模式系統的一個特徵（關於這一點的詳細解釋，請參見《思考探奇》）。所以我們沿著主要路線飛快通過。

在雙關語形態的幽默中，一個字的雙重意思成了模式

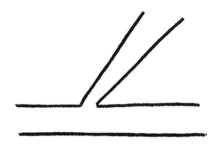

轉換的機關，迫使我們進入支線。

想想下列的雙關語：

「包勃‧霍伯的耶誕假期糟透了。他只收到了 three golf clubs（三根高爾夫球桿；三個高爾夫球場）。更糟的是，其中只有兩個有游泳池。」

「兩個健康的年輕女子到森林裡 tramp（徒步旅行），但是 tramp（也是流浪者、放蕩女子）卻逃脫了。」

其他的幽默機制如下一張圖所示。在這個機制中，我們受到明顯的不合理點所吸引，卻突然間看見後退的路。舉例來說：

「查票員走進火車上的小房間。一個年輕人開始拚命找車票：上面的口袋、褲子口袋、後面口袋、行李網架上的外套、公事包和所有地方。一會兒之後查票員看不下去，伸手抽出從頭到尾都咬在年輕人口中的車票。」

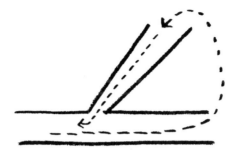

查票員離去後，另一位乘客問那個年輕人，會不會覺得自己很愚蠢。『當然不會，』年輕人答道：『我是在咬掉車票上的日期。』」

後見之明與洞察力

我們在幽默中見到的模式轉換，同樣會發生在後見之明和洞察力上。我們轉換到一個新模式時，忽然間看到某些明顯又合理之處。在後見之明的案例中，任何的創新主意都必須合乎邏輯，否則我們不會認為它有價值。而我們所犯的錯誤，是認定既然事後看來是合乎邏輯的，那麼好好的鍛鍊邏輯便可讓我們在一開始就做對。會犯這種錯誤的人，都是不了解模式系統本質的人。模式系統必然是不對稱的，否則將沒什麼用。在下圖中，從 A 到 B 的路徑與從 B 到 A 的路徑就大不相同。

水平思考的目的，是針對模式轉換提供一個更為審慎

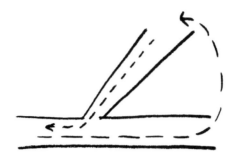

的方法，而不單是依賴犯錯或意外。水平思考追求的，是經由深刻的理解而達成模式轉換。

我們之所以沒有認真的花心思在創造力上，就是因為這種「後見之明的邏輯」。既然任何有價值的創新主意事後來看都總是合乎邏輯──否則我們也不會重視其價值。我們於是斷言，一開始即運用優越的邏輯應該就能夠想出那個主意，所以無須費心在創造力上。這在模式系統上絕對大錯特錯，不過應用在被動的「外部組織化」資訊系統則完全正確。由於我們向來只考量被動系統，因此，對於那些存在於任何自我組織資訊系統的創造力，我們從未真正考量過其確切的必要性。

既有創造力，何需水平思考？

我時常自問：既然「創造力」這字眼似乎相當適用，為什麼還有必要發明「水平思考」這個詞彙？答案是創造

力這個詞彙並不適合、也不足以形容我用水平思考所要表達的內容。這也是為什麼,「水平思考」會收錄在《牛津英文字典》中。

　　有創意的人觀看世界的方式或許與別人不同,如下圖所示。

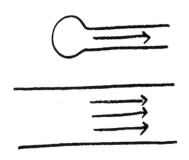

　　如果這個人能夠有效表達或與人溝通其獨特的知覺,我們會認為他有創意,也珍視他讓我們可以透過新的知覺看世界的貢獻。我們認可創造力。然而,這個人可能會受限於該特別的知覺:無法改變知覺或以其他方式看世界,因而在此同時,許多有創意的人其實是「死板的」。這完全無損於他們對社會的價值,以及他們透過其特殊知覺所發揮出的創造能力。但是在「水平思考」裡,我感興趣的是改變知覺的能力和持續力。顯然這樣的人真的有創意,卻不是水平思考者;部分有創意的人則是兩者兼具。

　　同樣的情形也發生在幼童身上。假如出個題目給九歲

左右的小孩，他很可能會想出一個極具原創性的解答，因為他不受限於舊有的方法，所以他的方法既有想像力又富原創性。但是這個小孩也許不願意尋找，或者無法找到不同的方法；因此他既有想像力又富原創性，但同時也是死板的。

水平思考可精確地定義為「模式系統裡的模式轉換」。要解釋模式系統的性質得花很長一段時間，所以我們不妨用普通的字眼形容：以不同方式看待事情的能力。

祖母在織毛線，小蘇西卻在一旁玩毛線球，讓祖母很傷腦筋。父親建議把小蘇西放進遊戲圍欄裡，母親卻認為讓祖母待在遊戲圍欄裡比較有道理——看待事情的不同方式，以後見之明來說都是理所當然的。

水平思考：一個中性的程序

使用「創造力」的另一個為難之處在於，這個詞彙帶有價值判斷的意味。沒有人會把自己不喜歡的新構想稱之為「有創意」。水平思考是中性的程序。

有時候我們確實好好想過，但卻毫無成果；有時候我們做了、也想出了一個好主意，只是沒有比現有的想法更好；有時候我們做了也想出了一個比現有想法好很多的新主意。在這三個舉例中，我們都可能用到水平思考。

聰明的人通常都傾向於當個遵從習俗的人。他們學習

遊戲規則並善加利用，以獲取優渥的生活；他們學習學校裡的遊戲規則：如何取悅老師、如何事半功倍地通過考試、如何與人相處。創造力多半留給那些不管為了什麼原因不能、或不願意遵守規矩的搗蛋分子。矛盾的是，如果我們將創造力（以水平思考的形式）視為資訊處理中絕對嚴謹的一部分，那麼可能得到一個奇怪的結論：遵從習俗的人變得比搗蛋分子更有想像力──因為遵從習俗的人比較擅長操縱創造力的規則。如果創造力不再是個冒險，那麼不愛冒險的保守者也許會決定讓自己更有創造力。

水平思考是一種心態，同時也是一些明確的方法。所謂「心態」，指的是願意嘗試以不同的方式看待事情。它體會到任何看待事情的方式只是眾多可能方式中的一種，它也明瞭心智如何利用模式，和逃脫既有模式以轉換到一個更佳模式的必要性。這其中沒有任何神秘可言。

判斷或「移動」思考的換檔

在研討會中，我時常用到下圖這張模樣奇特的獨輪手推車草圖，我會要求學員針對草圖個別寫下五個評論。大家的評論都是在批評這張設計圖：輪子的位置錯誤、輪子的承軸會斷掉、輪子太小、手推車會翻倒、手柄太短、停下來會比啟動難等等。

負面評價與「有趣」評價的比例為：行政人員 20：

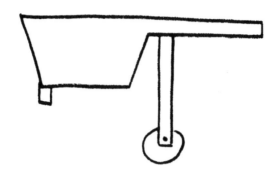

1，智商在一百四十以上的一群人 22：1，教師 27：1，十二～十三歲的小孩為 2：1。孩童組的低數字反應了兩件事：第一，他們對獨輪手推車、重心、槓桿作用或這類的事所知不多；第二，他們認為這是我能設計出的最佳獨輪手推車，他們想表達對我的友善。「有趣」評價不少且多樣化：很適合用它來填充凹洞或壕溝，因為你可以直接推到目的地旁再鬆開箱子底部，不必費力傾倒；適合在鷹架上急轉彎，因為它的旋迴圈比較小；你不能緊繃背部，因為如果你嘗試抬起比你體重更重的東西，你可能會飛起來；你可以利用彈簧讓輪子承軸能伸縮移動，在輪子承軸上端漆上紅色，下端漆成綠色，就可以藉由顏色得知經過你身旁的工作者有多努力。

　　成年人正確的下了評斷。為了讓模式系統運作，我們確實得用到判斷力。

在辨識和鑑定（如前一章節討論的）上會用到判斷力。我們運用判斷力以查明眼前所用的是哪個模式，接著再運用判斷力來停止在眾模式中漫遊。所以成年組的負面評判全基於他們恰當的用到判斷力。這也是為什麼老師組的比例高於其他組。

我相信人們應該運用判斷力。少了它根本無法過活，模式系統也不能順利運作。

然而我們也需要創造另一個格式（idiom）。這裡要說的是「移動」格式。移動是指越過通道（如下圖所示）。所以我們決定留在目前的通道中運用的是判斷力，但我們若想轉換模式，也可以利用「移動」。這跟我們汽車上配備不同的排檔並沒什麼不同，你可以用其中一個排檔啟動車子，第 2 個用來駕駛，第 3 個則用來倒車。因此在我們的思考中，我們應該能夠隨意運用判斷力或移動。思考「技能」就是在講這件事。

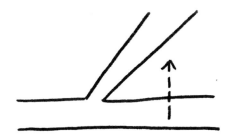

下圖是在解說我所謂的「移動」是什麼意思。

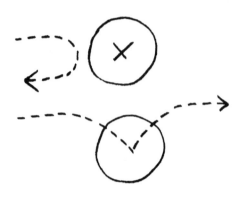

　　在判斷格式中，當我們認定有個想法不合用時，便會喊停然後縮手。在移動格式中，我們則因其「行動價值」而使用這個概念；意思是指以它為墊腳石，幫助我們轉移到一個不同的模式。這意味著，藉由此方式看看它會引向何處，它的建議是什麼。這不表示我們會把差勁的主意當成好主意，而是說不論構想的好或壞，我們所有操作都屏除了判斷系統，因其行動價值而用它。行動價值是種「激發」（provocation）。

工具 3：po，激發行動

　　我在許多年前發明這個字眼。它源自於下列這些字如：hypothesis（假說）、suppose（假定）、possible（可

能的）和 poetry（詩）。這些字都包含 po 這個音節，也都描述了某個構想的「未來效用」：這個想法會引向何處？經過我們的思考會得出什麼結果？某種程度上，它們都是激發的狀況而非敘述性的狀況。po 這個字眼意味著「直接的、審慎激發的」，因此意思比前面幾個字更為強烈。舉例來說，「假說」應該具有某種程度的合理性，但是 po 可以激發自覺其不合邏輯。簡言之，po 代表了「provocative operation」（激發行動）。

我們為什麼需要 po？簡單的說，是作為一種指示以提醒我們自己和其他人：此時此刻，我們的操作環境是在「移動」系統中，而不是在「判斷」系統裡。其中沒有神奇之處，就像任何標記一樣，出發點都是為了方便而設計出來的。

po 不同於「或許」或日文的 mu，這無關擱置判斷或不願意做判斷，而是在判斷系統「之外」的環境操作。

激發的最佳定義如下：「直到說出來以前，或許並沒有什麼理由說某些事。」

找到一塊踏腳石

下圖說明我們如何利用踏腳石的行動價值，讓我們更容易從一個模式轉移到另一個。

有次我們思索小鎮的停車問題。鎮上的通勤族喜歡將

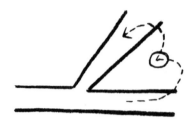

車子停在市中心，這會造成阻塞，剝奪了購物者的行走空間；停車收費器是可以解決問題，但我們希望有更簡單的辦法。

要激發的是：po 車輛本身會限制其停車。從這裡得到一個念頭：只要開著車頭燈，任何人都可以隨意停車，如此一來停車就會自我節制。某種程度上來說，這個概念可以用於有停車收費器的城鎮。如果你讓車頭燈開著，代表只會那裡逗留幾分鐘，所以不必繳停車費。如此來，停車格的週轉率也會更高。

另一個場合的問題是河流沿岸的工廠污染河川。你愈是住在下游，接觸到的河水愈是污染嚴重。這次的激發是：「po 工廠應該設立在下游。」乍看之下這是個不合邏輯的陳述，然而它的行動價值很快引領出一個構想；據我所知，已經有幾個國家施行了。通常工廠的取水所在都在排放廢水的上游，激發直接引導出的建議是，立法規定工廠的取水處必須位於其排放水的下游。如此一來，工廠

若不能清理其排放水，自己將首先遭殃。

有一次，我在研討會中提出一個荒謬的激發論點：「po 飛機應該顛倒過來著陸。」這個範例是非常簡單的刻意激發形式：相反。你將某事物的正常運作方式倒過來以得出激發。其他得出激發的方式包括：誇張、曲解、一廂情願（例如上述停車和河流污染的例子），以及囂張無理的想法。想了解水平思考技巧詳情的人，請參考《打開狄波諾的思考工具箱》（*Serious Creativity*）。飛機應該顛倒過來著陸的激發引導出：飛機駕駛應該有更好視野的考量，接著又引出飛機駕駛座應該擺哪裡的考量：是位於頂端最好的位置或者維持傳統的位置（以前的飛機都小多了）？

激發：「po 汽車應該裝方形輪胎」，這練習引出十幾個關於汽車和輪胎的不同方向思考，其中一些如下列：

● 內胎的胎壓正常，外胎的胎壓稍低以增加抓地力。

● 「方形」輪胎以螺栓固定在傳統輪胎上，以因應下雪、泥濘或沙地的狀況。

● 遇到高低不平的地面時，車輛不必再藉由可調式懸吊系統和前導向輪顛簸行進。

● 輪胎的螺旋形著地面可避免水飄問題（aquaplaning problem）。

- 為重型車設計的特殊「煞車輪」。正常狀況下不會接觸地面，緊急時可透過液壓煞車強迫放下。
- 分離設計的驅動輪和後輪。
- 車輛可半豎立起來以節省停車空間。
- 分段式的輪胎可以減少爆胎或漏氣的問題。
- 各種幾何形狀或各式誇張的輪胎……等等

你也可參與練習，試著再多想一些。

激發可以透過這類刻意作為而達成，或者在思索或談話的過程中突然想到。乍看之下就排除的構想也可以暫時拿來作為激發；換句話說，不僅用到判斷格式，同時也用到移動格式。

隨堂練習

試著從下列的激發練習展開「移動」，前進到新的構想：

1. po 用冰做成的杯子。
2. po 電話只要撥打一個數字。
3. po 搭公車可以賺錢。
4. po 學校每天都考試。

5. po 胖的人得多付錢。

6. po 紙張一星期後會變黑。

移動可藉由不同方式促成：抽取某概念的通則，留意隨時得出的推論，將焦點放在不尋常之處，詳細列出正面觀點。

「理所當然」逃脫法

這裡要努力的是辨識我們思考的主要路線，然後逃離這條主要路線。

要辨識那些我們在某個情況下認為理所當然的事，實際上非常困難。為了能夠逃離，我們試著放個特殊的記號，或改變它，或者找尋可以達到相同目的的替代路線。

「理所當然」這個用語，是辨識我們常用模式的方法之一。舉例來說，如果我們想找電話亭，我們「理所當

然」認為它們的費率是相同的。一條退路或許會讓我們突然有個念頭：其中一個電話費率會比其他的高。這對急著打電話的人來說根本不算什麼，因為找到電話比較重要，即使費用高一點也無所謂。我們也「理所當然」認為每個電話亭裡都有一支電話。假如我們在裡面安裝兩支電話，這主意有什麼有趣面或好處？萬一其中一支電話壞了，還有另一支可用；當你在等別人回電時，仍然可以繼續打電話；在非常繁忙及電話線夠長（不會吵到彼此）時，兩個人可以一起使用電話。

倫敦的計程車數量相對較少（大約一萬一千輛，莫斯科有一萬五千輛，紐約有三萬輛），為了拿到一張計程車駕駛執照，準駕駛得通過「知識」測驗，內容包括街道、大使館、旅館等詳細資訊。大致上得花十八個月的時間準備，而且完全自費。我們會認為司機理當如何？他們會認路。現在改變一下，我們做練習：「po」有位司機不知道路。他該怎麼辦？他也許會問人。他要問誰？他的乘客。在這一點上，我們看到了有趣的點。

那將會有一般的計程車，就如同目前的一樣，他們的顧客會是觀光客和外地人。也會有另一種在車頂上標示著大問號的計程車，表示計程車駕駛的認路知識有待加強。

就定義上來說，這類司機應該只服務那些對路況熟悉，還能指點司機如何走的當地居民。司機因此可以在賺

錢的同時認識新路線（回程少了乘客的指點，他可以看地圖或是打電話問人）。所以，計程車數量不僅最終會增加，而且是立即就會增加。當地居民和觀光客都會受益，學習認路的計程車司機也會受益。

大家都理所當然認為，每個國家應該都只有一種貨幣。從這樣的概念逃脫會得到一些有趣的經濟前景：譬如使用兩種貨幣，其中一種參照另一種定價，因而形成一種類似的國內金本位制度。

隨堂練習

練習從下列逃脫的形態激發「移動」概念：

1. po 汽車的方向盤不會移動。
2. po 飲料杯沒有底部。
3. p0 信封上沒有地址。
4. po 餐廳不供應食物。
5. po 課堂裡沒有老師。
6. po 門沒有把手。

「逃脫法」的應用方式還很多。想進一步了解請參考

《嚴肅創意》（*Serious Creativity*）。

隨機刺激法

　　這是最簡單也最有趣的方法，更已成為全球大部分主要廣告公司的標準作法。隨機刺激的來源是不特定的對象、文字、人、雜誌或展覽，重點是不能選擇，因為如果能選擇，就會選擇與當下想法有關的，結果是強化而不是改變既有的想法。問題只在於讓自己置身於隨機的影響之中，或者是審慎地創造一個。

　　最方便的形式是隨機的文字。你可以指定字典的某一頁及該頁某個位置上的字，如此即可得到一個隨機的文字。你可用倒數方式找到字。為了簡單起見，你可以繼續下去，直到碰上最接近的名詞為止。

　　舉例來說，有一次我幫一個需要龐大師資的國家做師資訓練。利用英文字典頁數和位置找出的字為「蝌蚪」，這字與教師訓練並無明顯關聯。蝌蚪的視覺聯想是牠的尾巴，所以我們也許就用「po 教師長著尾巴」。就實際而言，這有什麼意義？它可意味著，教師身旁有兩位助教或實習教師幫忙，最後他們擔負起愈來愈多的責任。這樣每個教師的效用可擴大兩倍以上。師範學院還是要設立，引進的教師日後可在此接受在職訓練。

　　隨機文字的作用是先堵住已有的思考路徑，再轉向那

些原先隱藏不用的路徑。交通號誌與香菸的關聯，激盪出在香菸尾端一點五公分處標示紅線的構想，目的是提醒抽菸的人燒到了危險區域，他可以選擇要不要馬上丟棄。

乍看之下，贊成隨機文字有助於解決任何問題實在不合邏輯（前提必須是真的隨機取得）。然而在模式系統中，這確實有道理。如果你住在倫敦，而我將你放在倫敦的任何一個地點上，你終究會找到路回家（憑藉你的知識、地圖、問路）。回到家後你可能會發現，你是從跟你平常出門的方向大不相同的另一個方向回家。這正是隨機文字的作用，如下圖所示。在我們的思考中，我們從某個特定的區域出發，沿著慣常的路線走。如果我們依隨機文字決定位置，它仍然有其關聯。遲早這些關聯會與「問題」的關聯接合起來。於是我們可以從「問題」出發，沿著這條新路前進，看看能有什麼發現。

實務上偶爾確實會發生隨機文字的關聯非常有限，因而只能得出很少的激發，但是從沒發生過文字太疏遠而無關的情況。這沒什麼好驚訝的，因為我們循著

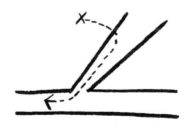

文字的關聯接上另外的文字，如此持續到得出一大片的

「連結點」。我們也可以從文字中摘取其中一個意思。譬如，「大象」這字有「很大」的意涵，而這顯然可以應用到大多數的情況。

有好些人跟我說，他們運用隨機文字的方法，在不同的領域設計出重要的新產品：金融服務、家用產品、橋梁建築等。

隨堂練習

在一個設定的刺激下，利用所給的隨機文字激盪出新點子。

1. 隨機文字「肥皂」：刺激「設計家具」。
2. 隨機文字「森林」：刺激「經營一家銀行」。
3. 隨機文字「火箭」：刺激「選擇度假地點」。
4. 隨機文字「票選」：刺激「降低都市的交通壅塞」。
5. 隨機文字「雲」：刺激「鼓勵節約能源」。
6. 隨機文字「報紙」：刺激「新的電視節目」。

水平思考的普遍應用

在形成新構想或找尋新門路上，「踏腳石」、「逃脫」和「隨機刺激」這可以作為具體而正規的三個辦法。但更重要的是水平思考的心態，也就是願意去尋找更好的概念。

每一種方法多少都說明了水平思考心態的一個觀點。在「踏腳石」方法中，我們探討一個構想針對的是它的行動價值而非其判斷價值，這是一個正面、有建設性的心態。在「逃脫」方法中，我們著重那些自認為理所當然的事，然後納悶這是否真的是唯一或最佳的做事方法，願意加以改進或揚棄它們。在「隨機刺激」方法中，我們開放心胸接納所有帶來影響的事物，而不單單只是那些我們一心想找的。我們接受刺激。

水平思考的邏輯

如果我們仔細想想，在知覺中自我組織模式系統的作用，那麼水平思考的邏輯也是如此。在模式系統的範疇裡，水平思考相當合邏輯。我們需要找出辦法跳脫模式，而不是僅僅隨之起舞。

水平思考要處理的是改變，尤其涉及了從以往適用的模式中逃脫。在本書其他章節中，我將檢視我們更常使用到的改變方法——透過批評和攻擊。這種方法的缺點是，

只有在有人指出某個概念不合用、而且提出批評的人有權做改變時，我們才會考慮改變。

日本人向來沒有這種西方世界所看重的「對抗」或辯證制度，他們對經由探索、洞悉和轉換帶來的改變更感興趣。這很像是水平思考的特色，也可能是我的書都有日文版，且頗受歡迎的原因。不過值得注意的是，他們現存模式的穩定性並不會妨礙信念的改變，實際上還給予他們探索的自由。他們似乎以傳統為基礎而變化，不是將傳統視為壁壘，防範改變。

06

LESSON

要資訊，更要思考

射擊式問題・釣魚式問題

　　我們需要所有能拿到手的資訊，但我們也需要思考。我們得思考下決定，到底該找什麼樣的資訊及到哪裡找；我們同時得思考如何妥善利用手上握有的資訊，設想整合資訊的可能方式。傳統的教育觀念認為有資訊就夠了，這不僅不合時宜，也很危險。

　　有種存在是不能思考的──而且也不會有幽默感。

　　這個存在，當然就是上帝了。思考是從一個知識狀態移動到另一個更好的狀態，但由於上帝具有完美的知識，而祂也總是存在，所以思考不僅多餘而且根本不可能。上帝也不會有幽默感，因為關鍵的妙語我們都已經知道了，所以也沒什麼好驚訝的。

　　就是因為缺乏完整的資訊，才讓我們必須思考。

　　我們所受的教育，讓我們總是嘗試要達到像上帝般擁

有完完全全的資訊。這樣的嘗試愈來愈難，因為有愈來愈多的資訊等待吸收。資訊供給已經定型，但思考不是資訊的替代品。你查看航班時刻表時，不要只嘗試思考什麼時候會有飛機飛日內瓦（Geneva）。

我們擁有的資訊愈多，對我們的思考會更有幫助，行為也會更合宜。既然每個細微資訊都有幫助，每分每秒都必須用在尋找更多資訊上，所以我們根本沒有時間直接將思考視為一種技能。

兩難的情況很明顯。假如我們能夠在某個方面擁有完整的資訊，思考就顯得多餘；但如果我們不能擁有完整的資訊，那麼，比較好的作法是擁有少一點的資訊和較佳的思考技能。下圖說明的，便是這種兩難處境。**簡單而言：如果我們不能擁有完整的資訊，我們的時間究竟應該花在更多的資訊上還是思考技能上？**

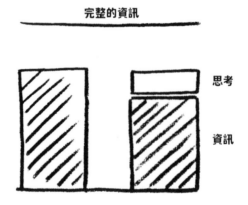

完整的資訊

思考

資訊

某些特定領域中或許有可能獲得完整的資訊，但更常見的是，我們得用思考來彌補資訊的不足。假設航班表上顯示，有架編號 SR815 的班機上午九點四十五分從倫敦飛往日內瓦。現在我們知道了，還有思考的必要嗎？沒錯，我們還得思考：我們怎麼到機場？要花多少時間？是交通尖峰時刻嗎？目前有任何罷工、抗議嗎？有可能碰上壞天氣嗎？怎麼查證最好？班機延誤有關係嗎？如果計畫生變，我該怎麼通知對方？所有這些顧慮都需要思考。

操作力：學校沒教的能力

有個領域是我們永遠無法獲得完整資訊而且必定得用到思考的：「未來」。我們所有的行動、計畫、決定和選擇，未來都會顯現後果。簡言之，未來是「行動」發生的所在。然而教育在本質上是屬於過去的，主要是整理、複習、敘述和吸收現有的知識。由此而得到的推論是：如果我們能蒐集到足夠的資訊，行動就會變得明確而容易。但是行動能力所需要的遠多於此，包括考慮優先順序、行動的後果，以及相關的其他人。這些都是 CoRT 思考課程要探討的層面。我為行動能力創造了一個名詞「操作力」（operacy），我認為，學校應該將它與計算能力和讀寫能力並列。

有好些與「行動」有關的思考，都需要將經驗運用到

眼前的情況中。

經驗掃瞄：點對點思考有缺點

假如所有的經驗都能立即浮現腦海且唾手可得，我們
應該會成為較好的思考者。但其實不然，所以我們必須慎
選自己的經驗，以挑選出適合當下所需的部分。思考的主
要缺點之一是，我們稱之為「點對點」的思考，意指心思
從一個點移轉到另一個點，沒做有系統的掃瞄。

倫敦地區的二十四組學童曾經針對相同的議題做小組
討論：麵包、魚和牛奶應不應該免費供應？學童的年齡為
十一歲。其中二十三組決議這不是個好主意，即使他們之
中有些人家境貧窮，只能偶爾喝牛奶。典型的點對點思考
例子如下：如果免費，每個人都想要→商店會擠滿人→公
車會客滿 →司機會要求更多錢 →但他們不會拿到更多錢
→所以他們會罷工→然後其他人也會罷工 →因此這不是
個好主意。每個點都和下一個點有關聯，對議題本身卻沒
有全面性的審視。

既然經驗當然也包括我們學習到的資訊，是我們賴
以處理事物的主要資訊來源，我們就有必要發展整體
通用的掃瞄工具。這樣的工具有兩個：CAF（Consider
All Factors，考量所有因素 ）和 C&S（Consequence and
Sequel，結果與後續），都是設計來對抗自我中心和短視

的思考傾向。

工具 4：CAF，考量所有因素

　　這是一種注意力導向的工具，類似 PMI 和 APC。換句話說，**CAF 是一種用來避免對某項議題抱持廣泛興趣而隨便瀏覽的具體化措施**。「做 CAF 練習」表示考慮在某種環境下所有該顧慮到的因素，但不是要評價這些因素。舉例來說，如果針對「買部二手車」做 CAF 練習，得出項目可能如下：價格、車子的過往情況、歷任車主、現任車主、行駛總哩數、行駛總哩數遭竄改的可能性、轉賣價值、轉賣價值與官方牌價或其他業者出價的比較、車子狀況、耗油量、機油消耗量、輪胎狀況、生鏽情形、檢驗汽車機械及格證書上的紀錄、汽車的適合性、配件價格、離家最近的服務處等等。這不是一份完整的檢查清單，考量項目也並非以優先順序排列，其中有些項目甚至重疊，例如，「車子狀況」就可能包括「生鏽情形」以及「輪胎狀況」之類的項目。如果有哪個項目需要特別考量，可以將它單獨列出。然而通用的大標題涵蓋了太多因素，很難將你的注意力引導至這些項目，因此個別列表會有助益。

　　做 CAF 練習時，重點在於「有沒有漏了什麼？」和「還有什麼要考慮的？」。年輕夫妻買了一張大床，卻發

現無法通過大門，就是漏了應該顧及的重要因素。

針對下列事件做 CAF 練習，並列出在做該件事時所有應該顧慮的因素：

1. 選擇職業
2. 籌辦一場生日宴會
3. 設計一把更棒的椅子
4. 寫一篇偵探故事
5. 送禮
6. 選擇一種寵物

工具 5：C&S，結果與後續

　　思考幾乎總是短期的，因為行動方案不管吸引人或令人嫌惡，感受都是即時的。我們感興趣的是接下來會發生什麼事：船到橋頭自然直。我們會在稍後的章節「價值與情緒」中看到，社會已經發展出種種手段，迫使我們以更長遠的眼光來思考。

　　C&S 思考作業是一個審慎的指示，讓人們細想一個

行動或決定的後果。有四個時間區段可參考：最長一年內的立即後果、一～五年的短期、五～二十年的中期、以及超過二十年的長期。這個時間架構是具有彈性、可以改變的，也可因應不同的情況做特別考量。

在做 C&S 時，通常得刻意嘗試將當下的焦點放在時間架構上。就像在做 PMI 練習時，思考的人要將注意力依次擺在正面、負面和有趣面上，做 C&S 練習則是依次將注意力擺在不同的時間區段上。這種練習出乎意料的困難，部分原因是不合常理；另外的困難之處在於：我們不想畫定時間區段。我們能預料到後果將會在「某個時間」顯現，至於是什麼時候則很模糊，難以確定。要消除這樣的不確定感，C&S 是個合用的工具。

舉例來說，以太陽能技術的重大突破為議題所做的 C&S 練習可能如下：

- **立即後果：**（最長一年內）：在證券市場上相關企業的股價快速變動，原油價格微幅滑落，因應太陽能板的安裝設計新式建築。
- **短期：**（一～五年）：原油價格進一步滑落，擴張程度比預期低，沙漠城市的房地產價格上揚，第三世界國家借錢進行重大計畫。
- **中期：**（五～二十年）：有些計畫順利運作，有

些則以失敗收場，太陽能最有助益的地區增值較多，技術上再邁進兩大步，原油價格開始再次上漲，開發以氫氣為燃料的汽車。

● **長期：**（二十年以上）：依據價格和方便性，嚴格區分能源的使用；除了交通運輸系統外，太陽能逐漸成為主流；原油價格快速上漲，用途主要在交通運輸和作為化學原料。

在做 C&S 時，時間架構可根據議題的不同而有所調整。譬如，議題為新的服裝時尚：立即後果可能不到一個月短期為三個月內、中期為三～六個月、長期為六個月以上。你必須預先設定時間架構。

隨堂練習

以下列情況做 C&S 練習。設定時間架構，分為「立即後果」、「短期」、「中期」和「長期」後果。

　　1. 廢止所有的學校考試。

　　2. 每個人都要與另一個人共有一份工作。

　　3. 汽油變得極端昂貴。

　　4. 外太空某處發現有生物存在。

5. 反重力機器發明成真。

6. 婚姻關係只有五年期限。

　　嘗試用 CAF 和 C&S 之類的工具做經驗掃瞄，是大幅擴展知覺的方式之一，這和智慧比較有關，與聰明的關係較小。有一點必須注意，**C&S 練習中的任何觀點都充滿不確定性**：所有關於未來的思考都只是臆測，而且是基於種種的「可能」和「應該是」，或許還具有不同程度的相似性。

縝密讀，就像仔細聽

　　好的聆聽者少之又少，他會從容聆聽別人的說話。他不會急著超前，不會急著下判斷，也不會坐在那裡想著該怎麼回應；他全神貫注於別人到底說了麼，聽得到弦外之音；他從聽到的話中盡量吸取最多的資訊，比方留意對方用什麼字眼說，以及疑惑為什麼是用某種特別的方式表達某件事。這是一種主動聆聽，聽者的想像力充滿了「會是」和「可能是」的種種細節。

　　縝密地閱讀類似細膩地聆聽。閱讀者讀到了言外之意，也細想其中的含義。這與快速閱讀完全相反，快速閱讀只對內容的粗略概要有興趣。假如你想知道接下來會如

何，快點看到故事結尾，那你就不是採用縝密地閱讀。兩種形態的閱讀都有其作用和價值，一如先前所說，思考的技能在於，知道什麼時候用哪種技能。

　　縝密地閱讀涉及大量的思考。言外之意通常不容易看出，除非我們的思考能就閱讀內容創造一些可能的情境。

　　仔細想想下面這句話的言外之意，這是我在巴塞隆納的課堂上用過的例子：「在我看來，巴塞隆納有好多鞋店。」，言外之意可能包含下列幾點：

- 我去的那個區域是鞋店的集中所在。
- 我可能是用走的而不是坐車。
- 城市的某個區域是鞋店聚集的地區。
- 我可能是要買鞋子，或是對鞋店有特殊的興趣。
- 西班牙的製鞋業利潤不錯。
- 人們愛穿鞋。
- 觀光客愛在巴塞隆納買鞋。
- 鞋子的磨損速度更快。
- 沒有很大的鞋店。
- 巴塞隆納的企業財產稅不高。
- 城裡其他地區的鞋店較少。

這些大部分都只是基於「可能會……」前提的大膽臆

測，用一個簡單的陳述，看看能引申出什麼情況，等到整段文章讀完後，若內容與引申的臆測有重疊，就比較能確定某些事。譬如，假如文章提到巴塞隆納的房地產價高昂，那麼人們買很多鞋或是製鞋業利潤不錯的臆測就有可能。同樣的，若文章提到巴塞隆納是觀光重鎮，那麼鞋店銷售量大的可能性便增加。

縝密地閱讀和細膩地聆聽沒有什麼特別的技巧，只要有心就能做到。

邏輯：獲取和建構資訊

邏輯是得出資訊的一種方法，從現有的資訊中設法獲得更多資訊的一種方式。例如，我們或許不知道 A 到 C 之間有路，但確實知道有一條路可以從 A 到 B，也知道有條路從 B 到 C。

整合這兩個資訊後，我們就可以推論出一定有條路可

從 A 通往 C。

　　之前提過的分類形式邏輯，是另一個有助於獲取更多資訊的方法。先前我提到，某樣東西若是屬於某個類別，我們就可以推論那樣東西擁有此類別的所有特質。就如同前面講的，這有點類似「雞生蛋、蛋生雞」的問題（因為除非我們確知那樣東西擁有該類別的所有特質，我們就不應將那樣東西歸入該類），不過它的確有實際效用，特別是在處理文字而不是現實世界的東西時。

　　邏輯的另一個層面，是建構一個特殊形態的資訊體系（例如在數學中），然後探究發生在此體系內的各種關係。而其中的危險，就在於將得自於這個特殊體系的結論轉移到真實的世界中。

　　舉例來說，在球形宇宙中（或在一條環形的鐵路上）我們可以同時離開 A 點又朝向 A 點。而這顯然違背了矛盾律。

　　本章節所討論的那些臆測中，重要的詞彙是「會是」以及「可能是」。邏輯所追求的要確鑿得多，因此其重要詞彙是「一定是」和「不可能是」。此刻我們要做的不是重疊不同範疇的可能性，而是藉由推論的確認，從一個階段移動到另一個。

　　在推論裡，系統的運作是最有效率的，不過運用到真實世界時，就沒有許多人宣稱的那麼容易了。

利用資訊：哪裡找、怎麼找到

目前為止，我們思考了很多如何將現有的資訊做更多的運用。從外界獲取更多資訊涉及三件事：資訊來源的利用、詢問以及試驗。

資訊來源的利用，本身就是一門學問但常遭人忽略。知道到哪裡找與怎麼找，就跟其他的思考技能一樣重要。它多少應該比照解決問題般嚴肅對待：知道你要在哪裡結束，然後探索到達那裡的各種路徑。

工具 6：兩種問法，要射擊，也要會釣魚

有技巧地善用問題，是律師的主要手段。大致說來，問題有兩大類型。

第一類是「射擊式問題」（shooting question, SQ）：我們明確知道瞄準的目標在哪。我們通常期待「是」或「不是」的答案，或至少將問題換個方式說，以獲得這樣的答案。我們希望某件事能夠得到證實或否認，譬如：「你昨天有到倫敦嗎？」使用「射擊」這詞彙，是因為我們知道瞄準什麼目標。

至於「釣魚式問題」（fishing question, FQ），則是我們將誘餌垂吊在水中，然後等著看什麼東西會上鉤。「你昨天到哪裡去了？」就是一個釣魚式問題，因為我們不知道答案會是什麼。釣魚式問題除了可以用來使處境開放，

假如可想見的可能性太多，得用一大串的射擊式問題來縮減範圍，也可以用上釣魚式問題。即使是在釣魚式問題的範疇內，也有不同程度的焦點。舉例來說，「你昨天做了什麼？」這個問題就比「你昨天去了哪裡？」更開放。

問問題的背後不帶有某些意圖，顯然是不可能的事。重要的是確認意圖，然後設法找出方法促成。就算只是構想問題，有時候也沒有想像中容易。問一些老問題輕而易舉，但是問得有效率又精簡則完全是另外一回事，問題得簡潔精準。

隨堂練習

做以下練習，根據下列的情況構想兩個你會問的射擊式問題（SQ）和兩個釣魚式問題（FQ）：

1. 查明某個人的假期是否過得不錯。
2. 找出新的餐飲地點。
3. 打探某人喜歡做什麼。
4. 查明某人為什麼突然之間擁有大筆金錢。
5. 詢問某人有關兩輛汽車相撞的車禍事件。
6. 決定買一部照相機。

實驗：尋求答案的一種提問

　　實驗是一種提問，我們藉此從環境中尋求答案。實驗通常屬於射擊式問題，因為你知道不是成功就是失敗。關於如何規畫實驗，我們確實有某些希望和期待，這裡有個簡單的遊戲可以告訴我們。有個人畫了一張簡單的線圖，內容包括「隱藏的部分；實驗者必須做一連串的「實驗」，以找出那部分是什麼。一次的實驗包含另一張線圖，如果這線圖也含有「隱藏」的部分，那麼實驗算是「成功」，打個勾表示正確；如果沒有包括就算失敗，畫個 X 作記號。

　　下面是這個遊戲的幾個有趣範例。

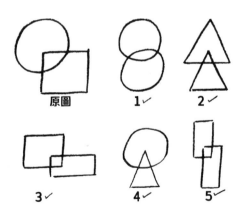

　　原始的線圖如上圖所示，然後是一系列的實驗，全部

都正確，然而實驗者並沒有多少進展。對照下列的這系列素描。

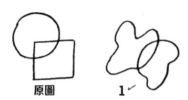

雖然只有一個實驗，但實驗者做的比之前的更深入。這個立即就讓人打勾表示正確的不規則形狀，就跟其他的規則形狀一樣符合要求，然而這是個「大突破」的實驗。它的假設很大膽，涵蓋了全部的可能性，免除了——測試的麻煩。

就如同設計問題一樣，實驗的設計也需仔細思考。我們能從一項實驗中獲得最多的是什麼：最多的確認？最多的資訊？

負面資訊是重要的，在一些案例中甚至比正面資訊更重要，因為負面資訊可以排除一整個類別的可能性。

選擇資訊：恰當的，還是正確的？

數學教科書裡的問題都設定得非常乾淨俐落，而且提供了所有需要用到的資訊，學生都學會要利用到所有列出

的資訊。人生可沒這麼美妙，有時候根本沒有足夠的資訊可供解決問題，有時候又太多了。在《思考遊戲》（*The Five Day in Thinking*）中，我設定了一個問題：用刀子建造一座可承載以瓶子做為承重樑的橋梁，必須要能承接起一杯水。我的答案是要用到四把刀，其實只要三把刀便能解決問題。我收到許多猛烈批評的來信說我欺騙，明明只需要用到三把刀，卻說要用四把。

選擇恰當的資訊，是資訊思考的重要一部分。倘若資訊的獲得必須耗費時間、金錢和心力，恰當性的資訊甚至還更重要。

工具 7：FI-FO，資訊內—資訊外

FI-FO 是另一個 CoRT 思考工具，指的是資訊內一資訊外（inFormation-In and information-Out）。這是個精心勘查的程序，要查明現有的有哪些，還有哪些需要補充。

現有的資訊，要以本章稍早提過的「縝密」態度仔細檢查，隱含其中的所有言外之意和邏輯推論都要挖掘出來。這是「資訊內」（FI）的部分。

接著檢查資訊「缺口」。缺口並不是那麼容易看見，因為得經過仔細推敲。我們得先推測需要什麼樣的資訊，才能查明是否有這樣的資訊存在。這些缺口都得謹慎定義和詳細說明，不僅是欠缺的資訊，我們同樣也應覺察得出

現有可用的資訊。

資訊思考雙刀流

我們同時需要資訊和思考,資訊無法取代思考,思考
也無法取代資訊。關於資訊,我們的思考有兩大功能,第
一個是針對資訊本身:找到資訊,擷取現有資訊的最大效
用,檢視資訊;第二個是利用資訊以實現某些思考目的:
決定、行動、選擇、計畫、設計或取樂。

07

LESSON

戳破邏輯泡泡

想想其他人在想什麼

　　大部分的思考都與猜謎或遊戲無關，真正占據我們心思的最主要是「其他人」。

　　因此很不幸的是，西方文明發展出一種破壞性、無效率、甚至導致危險的思考方式，而且還在持續地鼓吹中。在哲學及其實踐上，西方文明都由「對抗」制度所主導，對立雙方的見解一定要鬥爭到底，包括爭吵、辯論，以及在一般情況下和有系統的議論中都看得到。這套方法遍布在我們的政治、法庭、商業決策和日常生活中。我們真的相信，硬槓上對方的見解會使較佳的一方勝出，甚至接受這是唯一讓我們改變的方法。

　　這種對抗體制有很多缺點。在一方攻擊而另一方防禦之下，每個觀點都變得愈來愈僵化無法擴展，參考下圖。攻擊與防禦的需求，妨礙了更多有用的思考。這或許就是

政治人物比其他團體（不包括宗教團體）更不關心思考和
新構想的原因。

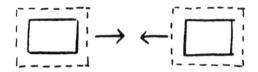

　　在對抗體制中，總有個觀點最後會勝出，就像政治選
舉一樣，落敗的一方難堪、失望之餘，總是不願見到新的
體系順利運作。在一些選舉制度下，落選的一方所獲得的
票數甚至比勝選的一方多，這時的痛苦不滿影響就更大，
這種失望可用下圖說明。

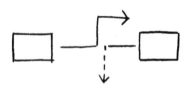

　　在大部分領域中，對抗體制的主要缺點在於就算只是
為了要改變，既有的意見都得先遭到抨擊；不僅是抨擊，
還要凸顯其不適用。這可能是最荒謬的事，因為一個當時
表現不錯的好主意，現在也許依然是個好主意，而這並不

妨礙其他可能更好的構想。我們或許永遠都沒辦法證明現有的概念不適用（特別是憑藉由該見解引申而出的概念），所以也沒有機會探索以尋求變化。這種方法的另一大缺點是，如果為了開始尋求更好的主意便不得不摧毀現有的見解，那麼萬一我們找不到更好的主意時就沒有退路了。我們失去了根基。這是敵對政治的最大危險之一，在此體制下，雙方花了無數的時間攻擊對方，使得最後雙方的可信度都蕩然無存。在這種爭執中沒有贏家。如前所述，日本體制中，現有模式的穩定性不會因為想尋求改變而受到攻擊。這不僅僅只是節省時間，以及將心智努力導向更佳的方向，更意味著直到找出更佳的構想之前，現有的基礎仍然有其價值。

批判性思維是怎麼產生的？

這種奇特的西方思維習慣怎麼形成的？其實並不難理解，中世紀期間，思考和學習是掌握在教會手中——作為教化的手段，其他人不是忙著殺人就是被殺。教會經營學校和大學，並且培育思想家。精確地說，教會思想家的主要功能就在於維護既有的神學理論，因為那個時代的人對此非常重視。維護神學理論，意味著攻擊和消滅無時無刻不斷冒出的異端邪說。這是一項艱巨的任務，因為許多異教徒也都是非常聰明的人，於是他們發展出一個重點，強

調爭論的技巧和非建設性的批評。在條理上和思考的有效運用上，所有這些都非常完美。如果你能證明異端邪說荒誕無稽，就能維護神學理論的完整無損。由於神學理論是以文字的形式表達，而爭論是語意上的抗衡，因而形成一種實際上只適用於語意爭論（經院哲學）的思考類型。而希臘哲學和「蘇格拉底式對話」之類知識的發現，都有很大的助益。

對抗制度因此形成。既然教會掌控了學校和大學，這樣的特色也成為西方思考的特色。由於大學和學校依他們自己的觀念指定繼任者，使得這個特色一直延續至今日。幾年前《泰晤士報》（ *The Times* ）有篇社論表示，「批判性智能」（critical intelligence）的訓練是教育的目標，而這也是許多人深信不疑的，其根深柢固的程度可見一斑。他們忘了，批判的價值是建立在大量的建設性思考發生時。

我們也不難看出，為什麼對抗制度那麼有吸引力。負面批評提供了許多思維顯而易見的表現機會。它是平庸心智，同時也是優秀心智的慰藉。平庸心智做不出什麼事情來，只除了批評還算容易，因為這是最輕而易舉的思考方式之一。我的意思是，只要選擇一個與你所見不同的心境，你就可以批判任何事。舉例來說，有個設計師製作了一把造型簡單的椅子，你可能會形容它為「結實的」、

「呆板的」、「像監獄裡用的」；現在設計師製作了一把更精緻的椅子，你也許就會轉換你期待的心境，然後形容它為「過分裝飾」、「炫耀的」和「過度複雜」（甚至是「粗鄙的」）。

多年前我在《泰晤士報教育增刊》（*The Times Educational Supplement*）專欄中，首次建議思考應該當作一種技能。直接在課堂上教授，之後的抗議排山倒海而來，紛紛表示不應該這麼做而且也做不到。一年之後，我報導確實已經有學校這麼做了，大家的反應卻很冷淡。不久以前，某位教授也無視於眼前的現實，堅稱 CoRT 那一套不可能管用──這套辦法多年來已經被數千個學校採用，其中包括鄰近這位教授的學校。

對平庸的心智而言，負面批評經常能更輕鬆做到。不幸的是，如同之前我在「智力的陷阱」中提到的，它對傑出的心智同樣有吸引力，因為它讓人即刻感受到成就感與優越感。可悲的是，西方文明中這麼多優秀的心智都陷入這種非建設性的模式中，目前情況並非猶如創造性思考到處蓬勃發展，以至於我們需要批判性思考者踩煞車免得失控；相反地，我們需要盡極大努力去發展設計性思考、建設性思考和創造性思考。我並不認為，我們的教育機構真的有多大的機會做這些事。

更糟的是：證明別人是錯的，多少表明自己是對的。

這在中世紀的神學理論上確實適用，但時至今日早已過時，因為現實世界並非神學理論架構的世界。在時下一般的模式中，如果你證明別人錯了，而他也證明你錯了，你們兩人可能真的都錯了。

或許在這負面模式中，最浪費的部分就是摧毀了一個好主意。有個構想或許 90% 正確，而有 10% 錯誤（不適用）。所以我們一些了不起的思考者會怎麼做？他們會修正那 10% 嗎？不會，他們會抨擊那 10%，揭露那部分不適用，接著暗指會提出這種主意的人一定是個白痴，再更進一步引申：其他的 90% 既然是白癡想出來的，就必定是荒謬的。

這真的不需要太多思考，就能領悟出對抗制度的愚蠢和吸引力。沒錯，它是值得存在於我們思維文化的某處，但以為它應該主導思維文化則很荒謬。

當然，在攻擊這個模式之時，我自己也沉迷於負面的思考。這或許是因為，我必須「以子之矛，攻己之盾」（攻擊本身也是此模式的武器之一）。

Exlectics：凝結共識

現在，我來到了建設性的部分。假如對抗和辯證既浪費又危險，那麼我們要用什麼取代？Exlectics 就是替代模式。這與細看圖（reading map）有關，也與開創性設計有

關。這個模式是建設性的而非破壞性的，Exlectics 是要嘗試從環境中「引出」或「抽取出」有價值的部分——不管是在哪一頭找到。

這不只是妥協或共識。妥協代表仍處在對抗制度內，而且意味著雙方都要放棄某些東西以獲取另一些東西。共識的意思，是指接受提議中某個大家都同意的部分：它是被動的，而且是最大公約數式的解決辦法。Exlectics 比較類似日本人所用的「滲透」（osmosis）方式，**開頭時並沒有反對意見或要求修改的意見，有的是共同聆聽和一起探索，稍後各種想法才會出現，經過多次會議後看法開始凝結成形**；反之，西方體制下第一次會議時就要提出看法。

Exlectics 要處理的不是「看法」，而是整體態勢（terrain）。這中間的區別，完全反映了類似於智力陷阱與 PMI 之間的差異

在 Exlectics 程序中，強調的重點在於「有計畫的前進」，而不是在每個階段做判斷。我們接受各種可能，然後將它們並列出來，再嘗試有計畫的前進（參見我的著作《平行思考》〔 *Parallel Thinking* 〕）。

用於 Exlectics 的 CoRT 工具，是探索和繪圖（mapping）工具。

工具 8：EBS，檢驗正反面

　　每一個辯論者都試圖找出對方論證上的弱點。EBS 代表檢驗正反面」（Examine Both Sides），但這種檢視帶有探索的目的。對方的觀點究竟是什麼？不僅只是其論證方式所表達出來的，也包括背後的「整體態勢」。探索是中立的，比方說，在課堂上要求學生說出某個觀點，但到最後一刻大翻轉，要求他們提出其他的觀點。這麼做不是要示範辯論的技巧，而是鼓勵學生認真檢驗正反兩方的論點。學生認真檢驗的程度，可能會讓你即使看到檢視內容，也無法得知他們到底真正喜歡哪一個觀點。做 EBS 練習並不會阻礙你抱持某個觀點、價值觀或優先順序，不過這要等到探索過後才進行，而不是之前。

　　EBS 是那種「看來容易做來難」的注意力導向工具之一。一般說來，我們在檢驗對方觀點時都會用一種隨便敷衍的態度——深怕太認真檢驗的話，會削弱自己對本身所抱持觀點的熱情。

　　做 EBS 練習，某種程度上和戰時偵察敵軍領土沒兩樣。重要的差別在於，戰時的軍事偵察目的在找尋轟炸或破壞地點，EBS 練習則是為了建設性的目的，而檢視整個領域。這個工具也有它的弱點：不容易禁得起這種差別待遇態度的考驗。檢驗的中立性和客觀性十分重要，要做到像敬業的製圖者那樣的不偏不倚。

做 EBS 練習，檢驗下列論點的正反兩面想法：

1. 所有公共場所都應該禁菸。
2. 所有年輕人都應該做全國社區義務性服務。
3. 所得稅應該提高。
4. 養貓狗應該課徵高稅。
5. 國民義務教育應該提高至學生十八歲。
6. 家庭主婦應該因其勞務而得到給付。

工具 9：ADI，同意、不同意、不相干

　　EBS 的繪圖練習，幾乎可以直接導向 ADI。ADI 代表同意、不同意和不相干（Agreement, Disagreement and Irrelevance）。比較兩張圖（檢驗正反面後得到的圖），註記你同意的部分，接著再標出你不同意的部分，最後是不相干的部分。通常的情況是，這種中立客觀的探索會顯示不同意的部分相當小，但是在爭論的情況下，比重便會大大提高，因為沒有任何一方膽敢退一步，讓對方以此攻擊他。做過有效的 ADI 練習後，雙方應該都能很明確地指出不同意的區域：「我們真正爭論的地方是在這一個點上。」由於常常會有一大部分是屬於雙方意見相符的區

域，因此能以此為基礎，設想一套辦法解決爭端。無論如何，這都是一個更有力的協商基礎。

隔離不同意的部分，也意味著可以進一步檢視，找出不同意的地方到底有多根本。不管結論是什麼，總比當事人進行主義的全面性反對更容易有進展。即使意見不一的根本所在是一種原則或價值觀，也還是比較容易規畫一條或許能滿足雙方的出路。舉例來說，假如基本的同意點是最終必須改變，那麼，不同意的地方便在於改變的幅度、方法或策略。

ADI 練習可以兩方分開來做，或一起坐下來合作進行。最好的辦法是合作進行，但得視雙方的心情而定；如果行不通，最好各做各的。就算有一方不願意做，也無法阻止另一方自己做，然後將結果呈現給對方看以謀求進一步的修正。

有個十五歲的女孩想抽菸，她和父親爭論。做 ADI 練習的一些結論如下：

同意（Agreement）
- 父親有權抱持他的觀點，女兒也一樣。
- 吸菸有害健康，不論現在與未來。
- 許多這個年紀的女孩都抽菸。
- 父親有權禁止任何人在他的房子內吸菸。

- 抽菸很花錢。
- 遲早這女孩得做決定。

不同意（Disugreement）

- 父親是否有權為女兒做決定──只因為她住在他的房子裡？
- 一天只抽少少的幾根菸，是否真的會帶來傷害？
- 這件事的關鍵是在於抽菸本身，還是女兒的獨立自主？
- 是否女兒現在不抽菸，以後就不會再想抽菸？

不相干（Irrelevance）

- 蘇西的父親讓她抽菸。
- 父親禁止其他幾件事。
- 父親自己就抽菸。
- 抽菸不會傷害其他人。
- 女兒可能會被歸類為叛逆分子。
- 不管怎樣女兒還是會偷偷抽菸。

針對下列情況做 ADI 練習，列出結果：

1. 鄰居夜晚放音樂太大聲。
2. 勞工要求加薪，但管理階層認為加薪幅度太高。
3. 風景優美的鄉村地區要開闢一條穿越其間的新公路。
4. 十七歲女孩要求取消夜間門禁，高興幾點回家就幾點回家。
5. 片商想在影片中加入許多暴力鏡頭。
6. 車子停錯地方罰金加倍。

工具 10：邏輯泡泡

如果有個人不同意你的看法，或者沒做你認為他應該做的事，你可能會有幾種可能的心態：他很笨、他故意作對、他很頑固。不過，你也可以有一種替代性心態：他很聰明，而且在他自己的邏輯泡泡裡明智地做事，只是他的邏輯泡泡恰巧與你的不同。如下圖，邏輯泡泡是指知覺的泡泡，包括對環境、結構、情境和關係的知覺，人都是在這種泡泡中行事。

　　我們太常將聰明人置於某些特定的情境，可是一旦他們明智行事時，我們便會開始抱怨。舉例來說，讓我們檢視一下任何大型官僚體系的革新。如果有人試圖做某些改革卻失敗了，這個失敗的標誌將跟隨他度過之後的職業生涯，就算他在接下來的事業中獲得成功也無法抹去。倘若他的變革成功了，他也會遭到譴責：為什麼沒有早一點想到，或是為什麼不早點實施。他還得冒著被視為「點子王」的風險，意思是指雖然這個主意確實成功了，但其他主意不見得就會成功。當任命部門首長時，「忠實可靠」的人選會比「點子多」的人占上風。從這些理由來看，變革不是個聰明的行為──存活才是。你很難責怪一個人在這樣的邏輯泡泡中順理成章的行為。

　　有家公司常常發生未經總工會批准的罷工，因為只要有人提出這個主意，為了避免讓夥伴失望，大家便進行罷

工。公司於是開始實施新措施：要是一週內順利工作，沒有罷工，即可獲得小額獎金。比起每週的薪水，這些獎金其實不算什麼，結果罷工次數還是減到原來的六分之一。這麼做是賄賂嗎？它確實在有人想罷工時改變了邏輯泡泡。現在勞工不是立即跟隨罷工，而是有理由問「為什麼」，雖然他還是像以前一樣準備罷工，但這種在下決定瞬間的些微變化，卻透過改變邏輯泡泡而改變了他的明智行為。

每個人在他的邏輯泡泡裡都依照邏輯行事。這樣的陳述或許離事實很遠，但就現實方式考量事情而言，這個辦法有其優點：可以將我們的注意力從「認為此人很愚蠢」的方向（這點很難改變）移轉至環境上（這是比較容易改變），在那樣的情況下，一切行為才會顯得合乎邏輯。

邏輯泡泡同時涵蓋了一個人周遭的實際環境，以及他對這情境的「知覺」。譬如，對某些行為實際上是獎賞的，卻可能會被認定為賄賂。

我曾經受邀擔任一家公司的顧問，針對高階經理人如何意識到更多機會提供建言。我的建議是設立風險基金，一旦發現機會，高階經理人即可運用這筆資金，而不需挪用營運預算。

一位高階經理人表示他不想「冒險」動用風險基金，因為他知道他會因如何運用這筆錢而受到評斷；換句話

說，他的邏輯泡泡考慮到厭惡冒險的公司文化，所以他否決為單一目的而創的風險基金。不過他也承認，單單有這筆資金的存在就能讓他著眼於新的領域——這是他視為機會而致力進行的事，只不過他寧願用自己的預算。

不論在任何情況下，釐清相關人員的邏輯泡泡都是有幫助的，這在動機方面尤其重要。經營管理通常將動機視為非常重要的因素，但是動機取決於激勵對象的邏輯泡泡，而非管理階層的。同樣的道理也發生在變革上，建議變革的人深信改變的價值，但是那些必須經歷變革的人有他們自己的邏輯泡泡，而變革通常意味著風險、麻煩和情勢的改變。

隨堂練習

針對下列情況練習，詳細列出相關人員的邏輯泡泡：

1. 一個海軍軍官認為他的上司下錯指令，衝突似乎難免。

2. 花邊新聞專欄作者想到一篇好題材，內容涉及她的一位朋友。

3. 在亞爾佛德‧華萊士（Alfred Russel Wallace）提出與達爾文（Darwin）研究多年的演化論

完全相同的理論時，達爾文怎麼想。

工具 11：OPV，其他人的觀點

　　OPV 是另一項 CoRT 工具，與 EBS 和邏輯泡泡有部分重疊，是一項更簡單、更方便的工具，用於引導注意力至某個情境下相關的其他人。OPV 是「其他人的觀點」（Other People's Views）的縮寫，思考者使用這項工具時，是嘗試站在其他人的立場，設身處地看世界。

　　這個練習包括兩部分：一是確認真正屬於某個情境的其他人，二是設身處地，以每一個其他人的立場想。舉例來說，如果基本民生需求的農產品價格上揚，你就可以針對這情況做 OPV 練習。第一部分先確認相關團體，譬如農人、批發商、零售業者、食品加工業者、消費者、家庭主婦、一般人、經濟學家、政府等等。接下來則是一一站在這些人的立場想，比方說，零售業者可能覺得高興，因為如果他能維持買賣價差的倍率，就會賺更多；反過來說，倘若人們少買或轉而購買其他食物，那他可能會賠本。食品加工業者應該會頭痛，因為他們必須購進的原料價格上漲了；但另一方面，假如人們捨棄新鮮食品、轉而購買較便宜的加工食品，則食品加工業者或許能受益。

　　一間設在鄉下城鎮的玩具工廠發現，為了與進口的玩

具競爭，他們的產品價格受到諸多限制，只能維持在一定價格之內。偏偏物價上漲推高了薪資，員工要求比照其他行業加薪，而且工會支持這項要求。OPV 練習的結果可能如下：

老闆

- 如果工廠營運虧損，就得關閉。
- 經營管理應該更有生產力，還得開發新產品。
- 投資房地產或買政府公債的投資報酬率更高。

經理

- 工廠要是關門大吉，他的飯碗不保。
- 老闆要求開發新產品當真是說的比做的容易，如果新產品還得面對價格競爭呢？
- 要求提高生產力也是說的比做的容易，因為大家已經用盡所有手段、搾出最後的生產力了。
- 勞工必須面對現實環境——不是工廠繼續在業界生存，就是消失。

勞工

- 他們得像其他人一樣生活——食物和其他物品價格既然已隨通貨膨脹上漲，調薪就是必要的。

- 毛利應該隨時間下調。
- 管理階層應該在行銷設計上加把勁。
- 政府應該對工資便宜國家的進口產品課稅。

工會幹部

- 他們是勞工選出的代表，理當爭取勞工的公平待遇。
- 假如這間工廠的工資率有突破，這將擴散到其他工廠，使得薪水行情動搖。
- 老闆有社會責任，因為勞工幫他建立起事業。
- 管理階層應該更努力做好他們的工作。
- 可以貸款度過難關。

家庭

- 要餵飽一家人需要更多錢。
- 這真是難以抉擇——更少的錢或失業？
- 要開始找其他工作嗎？
- 情況會改善或是變得更糟？
- 為什麼工會沒做得更好？
- 一天的辛勤工作理應得到適當的薪水。
- 老闆說要關廠，到底是真的或只是口頭威脅？
- 政府應該對廉價的進口貨物採取行動。

更周全的 OPV 練習，應該延伸到政府（和貿易保護者）、一般玩具消費者、玩具製造商和進口商、第三世界生產者等。

做 OPV 練習並不表示，如果你站在相關團體的立場，就會說出合理明智的論點，也不表示你會說些不滿和不合情理的話，以譴責他們的觀點。用意在於以他們的實際觀點或是你想像中他們的觀點客觀看待世界。換句話說，在「立場」觀點和「實際」觀點之間有些混合（譬如說，記者就可能會有這種體驗）。

與前面章節討論過的 APC 不同，OPV 並不是只專注於獲得一般性的替代觀點。重點是首先鎖定特定位置上的特定人士，接著再轉移到他們的觀點。

隨堂練習

針對下列情況做 OPV 練習：

1. 一個學童因霸凌被罰停止上學。
2. 一位婦女指控屋主歧視，因為她是個女人。
3. 一個政府官員想拿回他交給新聞記者的一項機密資料。
4. 有人對一位國營企業的行銷經理說，在一些

特定國家做生意賄賂是必須的。

5. 一名孩童想要抽菸。

6. 鄉村小城鎮外開了一家大型商店。

建設性設計：畫一幅更詳盡的圖

本章提到的繪圖技術（EBS、ADI、邏輯泡泡、OPV），目的都是要對情勢有更寬廣、更清晰的概觀：一幅更詳盡的圖。光這一點本身就價值非凡。假如圖更清楚、更完整，你就比較容易找到路。

有一種可能是，你從圖上看出對方根本沒有興趣解決爭端，因為爭端的存在對他有利。解決之道可能就是讓爭端繼續下去，或是做做表面工夫，與此同時，以建設性的態度解決真正的問題。

若有必要，exlectic 程序的第二部分便可作為行動後果或過程的建設性設計（constructive design）。就某種意義而言，這是一種「解決辦法」，不過這個名詞太過強調找出解答，我們真正要找的，也許是一種生活方式或處理事情的方式。

在這件事上，這裡要強調的「建設性設計」與其他領域的建設性設計並無不同──家具、飛機、電視遊戲或電視餐。什麼是關鍵要素？要達成什麼目標？優先順序如

何？價值在哪？行動的管道有哪些？有什麼束縛？設計的過程會經歷好幾個階段、替代方案和棄置方案。就像在其他領域一樣，只有在那些需要用到的人覺得滿意時，該設計才稱得上是符合要求。

協商裡的「變異價值」

就真實的含義來看，協商是一種特殊形式的建設性設計。協商的「強制性討價還價」，讓人意識到它是對抗制度的一種表現形式。

真正的協商，涵蓋了本章所建議的徹底繪製各區域的圖，然後進入建設性設計階段。

協商的一個重要部分，或許可稱之為「變異價值」（Variable value）。

紐西蘭首府威靈頓（Wellington）有一間主流旅館，建地的價格只花了幾千美元。蓋在紐西蘭這種類似地點的旅館，真正的土地價格得花上數十萬——甚至數百萬——美元。其中便涉及變異價值。這間旅館不是蓋在地面，而是蓋在市立停車場之上。他們購買的是「停車場上空」的使用權，而這類的使用權價值低微，但旅館客人和顧客卻會帶來收益。對旅館老闆而言，這種上空使用權就有極高價值，是典型的變異價值案例。流行季節結束後，流行服飾精品店內的衣服沒有再銷售的價值，因為精品店不賣

過季服飾。但有些地區的流行風潮傳播得比較慢，對這種地區的服飾店而言，那些衣服還是有些價值。馬爾他（Malta）製作的姆迪那玻璃（Mdina glass）特別精美，而因為實驗室裡的玻璃器具要求品質精純，以免污染實驗，兩個有創業魂的人便蒐集全英國破損的實驗室玻璃（或許還收清運費），然後將它們製成姆迪那玻璃。

所有這些變異價值的例子，都說明價值可以因人和因環境而有極大的不同。這就是為什麼它對協商而言如此重要。其中一方非常渴望到手的東西，可能對另一方來說沒什麼價值。這是價值的交易，也是一種交換。為了在路上開車能達到合理的車速，我們接受某種程度、死亡或受傷的風險。為了獲得一個，我們得接受另一個，所以為了在協商中獲得某樣東西，勢必得接受另一樣東西。

縝密的繪圖和建設性設計，都對此程序非常有助益。價值——特別是知覺的價值——是設計中最要緊的因素。

溝通：用接收者聽得懂的語言

有效的溝通，總是得用接收者聽得懂的語言來說——這正是為什麼使用正式文件十分不智。本章所列的繪圖方法不僅可以依據立場、經歷、心情和價值觀繪製態勢，也可以根據可利用的概念。

決定該用哪種語言是接收者的特權，與收音機廣

播——決定哪個頻道的人是你——完全不同。

收聽者的邏輯泡泡，涵蓋了他所擁有的觀念和知覺。缺乏世故的觀念本事（同樣的事對雙方而言有不同的意義）卻擔任溝通者，會是很嚴重的錯誤，他能憑藉的只有不成熟的情緒。簡單的觀念有可能非常複雜和難以捉摸，比如兒童所抱持的觀念。簡單的觀念確實可能比複雜的觀念更隱約微妙：複雜的觀念通常可以拆解成次概念（subconcept），而簡單的觀念則是在一個概念裡涵蓋了許多。舉例來說，兒童對因果關係的概念就跟科學家十分類似（長久下來統計學上的相關可能性），成年人常常會認為孩童具有簡單的成人觀念，卻沒發現兒童擁有複雜的兒童概念。

08

用思考帶領直覺

用知覺改變感覺

　　很多人認為思考並不重要，因為決定我們選擇和行動的終究是情緒，思考能發揮的影響有限。這種說法有部分真實性，說到底，所有的思考都涉及感情，事實上也是如此。思考的目的是調整個人的世界觀，好讓我們運用情緒和價值觀時能得到有效又可接受的結果，邏輯論證的確很難改變我們的情緒，但是知覺的改變能改變情緒。假如你以不同的方式看待某事，你的感覺也會不一樣。

　　然而這裡有個重點：我們要感情用事，讓這些情緒決定我們的知覺和思考嗎？或者我們先運用知覺，再讓情緒做最後的決定？

先思考，再直覺

　　有些人認為思考不過是浪費時間，直覺才重要。他們

不太看得起思考，認為思考似乎只用在解謎或玩智力拼字遊戲上，學者才會深感興趣，但是對真實世界而言意義不大。人們一再認定，思考是用來合理化一些事後看來殘忍或釀成大禍的行為，並為其辯解；認為思考就像數學，是用來解決軍事之類的大事——事實上幾乎就是別人家的事的工具。政治人物的思考，在一般人眼中是持續爭權奪利的合理行為，目的不在於改善社會。直覺和人們的價值觀還比較可靠。

很多這樣的理想幻滅，都是針對「訴諸理智」。訴諸理智」形式的思考，而它的存在似乎也真的有其道理。我在第一章「智力的陷阱」中就討論過，這種形態的思考目的都在證明其立場正確無誤。就是這種形態的思考，讓人無止境地辯論、爭議和經營利益，同樣的哲學性文字遊戲，用的也是這種形態的思考。和其他人一樣，我自己對此形態的思考也感到失望。它是有其價值，但只是整體思考中的一小部分，大部分的思考，在一個層級上必須具有常識、平實健全，而在另一個層級則必須客觀理智，以達到有效的成果。

以直覺和情緒作為取捨的最後評斷並不是什麼錯，但如果我們以直覺、情緒取代思考，將會產生潛在風險。對那些總是依直覺行事的人而言，直覺似乎合宜又公正，顯然也對社會有益處。但我們不要忘了，人類歷史上一些最

荒誕和野蠻殘酷的行為都是被直覺激發出來的。迫害、戰爭、私刑和「南海泡沫事件」（South Sea Bubble，譯註一七二〇年英國脫軌的投資狂潮，引發股價暴漲和暴跌，經濟「泡沫」一詞即由此而來）全肇因於直覺。毫無疑問的，我們的直覺隨著文明的平靜演進而有所改善，但把思考的重責大任交付在它手上，在我看來仍然太過危險，也太不可靠。首先在衝突和突發變革上，直覺好像總愛偏向暴力手段。也許我們腦中的那一部分仍遵循著動物本能。

所以我完全贊成思考過程結束後才用到直覺，而不是一開始就替代它。我也想將「幽默感」加進我們的直覺中，不然這些直覺都太嚴肅了。

我們會逃離思考轉向直覺、占星和其他決定行為的因素，當然還有另一個理由：世界變得如此複雜，似乎總是無法想個清楚明白。倘若所有學有專精的經濟學家都聚在一起辯論通貨膨脹，旁觀的人只能承認自己所知非常有限，那麼有權投票的人如何弄清楚經濟基礎是怎麼回事，以作為投票的依據？這個問題比第一個更嚴重，而且在教導把思考當作一種技能時，更要非常注意這一點，不管是在教育上還是在其他方面（甚至在經濟學上）。

情緒與知覺相互作用的三種狀況

下圖說明了情緒與知覺相互作用的三種可能方式。我

將使用「知覺」這個詞彙而不是「思考」，因為在這整本書裡，我一直強調在多數實務上，知覺就等於思考。

在第一種狀況中，情緒一開始就存在，甚至早在遇到特定情況之前就已經存在。這種情況就等同於盲目的狂熱或恐慌，有可能發生在某個特定背景下，即使在情勢的細節尚未明朗前就已發生。在侵略、嫉妒或仇恨的情緒中，都很有可能發生這樣的情況，所以我們可以稱之為「盲目情緒」。

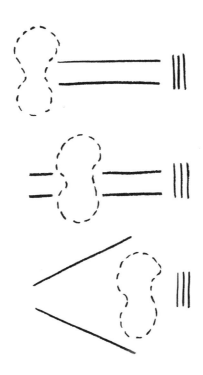

第二種狀況是目前常見的一種。我們以自身的知覺大致檢視整體情勢，辨認出某些模式，促成情緒的轉換。從這一刻開始，我們接下來的知覺會窄化並且受到情緒的引導。假如你請別人喝一杯看起來很可怕的液體，大部分的人會皺起鼻子、拒絕你的好意；蒙住眼睛的人會拿起來嘗嘗看，然後宣稱那是柳橙汁。自始自終它都是柳橙汁。最初的知覺刺激了我們的感覺，而這個感覺也決定了我們的行動。

第三種狀況是我們理想的典範：先冷靜而廣泛的探索情勢，到最後階段才讓情緒介入、下決定並選擇行動方式。這就是我在本書中一直提倡的模式：利用 PMI、CAF、APC、EBS、ADI 和 OPV 之類的工具先做探索，然後才下抉擇或決定。該選擇或決定也許是基於生存、自我需求或任何性質的私利，都是以情緒為基礎。

幾年前，我的一位朋友發現路邊有位女士被車撞傷流血沒人理會，他就停下來幫忙。就在他彎腰查看時，另一位司機過來一把拉開、並揮拳重擊我的朋友，將他打到昏迷。那位駕駛之所以會這樣，就是他的最初知覺把我的朋友當成傷害那位女士的人。這觸動了他的情緒，因而做出反應。

這一點確實非常重要。一般說來，當我們依直覺行事

時，仍然會有一段很短暫的反抗期用於理解整個情勢。我們必須拉長這個時間，更仔細地想清楚。

關於「盲目情緒」狀況，我們能做的實在不多。嫉妒是最令人好奇的情緒，它似乎不具有競存價值（不像其他情緒），除非與性有關，一個心懷嫉妒的人，會將其嫉妒對象的任何行為都解讀為負面行為。嫉妒這種情緒比其他大部分的情緒都更令人感到興趣，而仔細地觀察之後還能從中獲益。

知覺可以改變感覺

但是，知覺能夠改變感覺嗎？很多人認為知覺或思考不能真的改變感覺。柳橙汁的實驗顯示，這樣的改變是不可能的。想像一下有個男人正與一位哭泣的女子爭論，這個男人覺得自己恃強凌弱，因而準備讓步。但這時有位朋友對他耳語說，這是感情上的勒索，他的態度立即轉變。這個提示改變了他的知覺或他看待事情的方式，進而改變了他的感覺。有個女子覺得她應該照顧年邁的雙親，所以不能結婚；但當有位朋友告訴她，她讓自己成了「犧牲者」時，她的態度和感覺立刻有了轉變。

在亨格福德輔導中心（Hungerford Guidance Centre）應用 CoRT 思考課程的大衛・連恩（David Lane）告訴我，這套課程對那些逞凶鬥狠的青少年帶來什麼影響。在

上這些課程之前，老師要求他們想想社會和他們在社會上的角色，他們的反應傾向於講些暴力如何如何的陳腔濫調，但這個問題顯然觸動了他們的情緒以及後來的反應。思考課程結束後他們建立起自尊，認為自己是「思考者」。現在他們會留一段空檔來思考，而不是急著反應，思考時也加入更多的關心和更客觀。艾德娜和比爾‧科普利（Edna and Bill Copley）的報導說，一間少年感化院在教授 CoRT 思考課程後也有類似的趨向。

思考可能改變感情，特別是知覺形態的思考，更能讓我們以不同的方式看待事情。我在本書稍早提過的 PMI 示範教學也提過，原先喜歡上課就有錢拿的學童，如何因為簡單的思考而改變感覺。

我們會在本章稍後看到，某些「價值承載」（value-laden）的字眼怎麼改變知覺和感覺。比如為了調停勞資糾紛而給勞動者一些新的提議時，剛開始他們傾向於接受——然後他們逐漸認為那是賄賂或耍花招，於是感覺開始轉變。

價值觀：情緒的變頻器

價值觀是事件和基本情緒的聯繫。它像是變頻器，可以將事件轉換為我們能夠強烈感受的事態。價值觀是文明中最重要的因素，正是透過價值觀，文明才能將自私、貪

婪、好鬥、短視行為轉化為社會合作，讓每個人的生活都過得更好，弱勢者也得到照顧。

價值觀改變正常人類情感的驚人力量，可從基督教得到印證：殉道者忍受痛苦並且願意犧牲生命以榮耀主，痛苦本身有其價值，要愛你的敵人，憐憫貧窮的人⋯⋯，在所有這些案例中，價值觀都成功轉變了許多情緒。

- **我** —— 價值觀：自我、身份、自尊、成就、生存、愉悅、任性等等。
- **同伴** —— 價值觀：為團體所接受，屬於團體的一份子、以團體的一份子行事、接受團體的價值觀，不讓團體失望。
- **道德** —— 價值觀：宗教價值、社會習俗、普遍守法、教養觀念、某個特定文明的普世價值觀（通常都自認絕對完備，不過每個文明都與其他文明大不相同）。
- **人類** —— 價值觀：（相當新興的概念）生態、污染、關心核能、廣泛的關切整個地球及居住在上面的人類、人權、擔心基本的人類價值觀凌駕在文化之上。

工具 12：HV 與 LV，高價值與低價值

這是一項很有用的注意力導向工具：嘗試將出現在任何情況之下的價值區分為「高價值」（High Value）與「低價值」（Low Value），這是 CoRT 思考課程中的一部分。大致上，高價值是決定行動的因素，低價值則是必須考慮的因素。想像一下，有家製造企業打算削減成本，所以進行裁員，一個部門的主管被迫裁掉一位跟了他十五年的助理。其中涉及的價值是什麼？答案可能如下：

> HV：部門主管擔心要是無法達成任務會丟掉自己的飯碗，擔心公司撐不下去，擔心無法獲得升遷，對他助理的道義，自己想成功也要別人認為他成功。
>
> LV：開除員工的尷尬，擔心別人怎麼想，厭惡自己的老闆，彌補對其他員工造成影響所需要的代價。

這是個困難的練習。舉例來說，上述情況中對部屬的道義可以列為高價值，也可以列為低價值。或許它的確受到重視，但在工作環境下，其他一些價值都可輕易凌駕它，因為在這樣的背景下重視的是「效率」。

事實上，這個練習是根據「蘋果分級」的故事想出來

的。有位法國農夫一大清早就出門到市場,出門前要求兩個兒子將堆積成山的蘋果分成大蘋果和小蘋果。他們工作了一整天,仔細評估每顆蘋果到底算大蘋果還是小蘋果,但農夫回家後又將兩堆蘋果混在一起。兩個兒子很生氣做了白工,農夫卻說,這項工作的真正目的在於「全神貫注」檢視、剔除壞蘋果——事實上他們也確實那麼做了。區分「大顆與小顆」比挑出壞蘋果需要更仔細的檢查,所以 HV 與 LV(高價值與低價值)練習其實是一項指示:要非常仔細地檢視任何情況所涉及的價值。

老師禁止在課堂上吃糖果。有個男孩發現他隔壁的同學在偷吃糖,他應該跟老師打小報告嗎?

- 假如這裡有個小違規,而小男孩又知道犯人是誰?
- 假如發生一些偷竊行為,而小男孩知道偷東西的人是誰?
- 假如你是在警察國家裡,你的鄰居庇護遭警方通緝的異議人士?
- 假如國內發生饑荒,而你的鄰居卻在囤積食物?
- 假如你要告發一群恐怖分子?
- 假如你是幫派的一份子,卻想告發他們?
- 假如你是領錢的警方線民?

● 假如你背地裡以匿名的方式，將你朋友的祕密洩漏給花邊新聞專欄的主筆？

這是個非常有意思的經驗：看著滿屋子的人討論「打小報告或告發」，過程中一會兒覺得正派可敬，一會兒覺得丟臉可恥。這是一個非常敏感的價值觀牴觸案例，也是個顯示背景和虛偽的重要性的好例子。如果我們不喜歡另一個社會制度（或許情有可原），則在那體制下的任何打小報告行為都會讓我們覺得可憎。倘若這種事發生在我們自己的社會，那麼，有時候告發行為不僅是可敬的，甚至是一種社會義務。同樣的，我們不喜歡人們在背地裡洩漏朋友的祕密，特別是如果我們也牽連其中時，但同時我們卻喜歡看些花邊新聞。這是個有意思的情況，因為我的價值觀、同伴的價值觀和道德的價值觀之間不斷相互牴觸。

================= 隨堂練習 =================

在下列各情況中，你會認為是高價值（HV）還是低價值（LV）？

　1. 僱用新教師。

　2. 到貧窮的國家提供援助。

3. 選擇職業。

4. 選擇餐廳的營業地點。

5. 經濟衰退時裁員。

6. 為球隊挑選球員。

價值承載的言詞

「打小報告」和「告發」帶有極為負面的價值，我們用的其他很多詞彙，也都具有這樣的價值。

我甚至會說，四分之三以上的公眾思維不過是一逮到機會就想扯些價值承載的言詞，而且就把論據建立在這類言詞上。

仔細看一般報紙社論或聽一般的政治言論，你會發現，裡面只有一點點的合理論點，再用無聊透頂的價值承載言詞堆砌支撐。其中有些「好的」詞彙，例如道德負債（moral debt）、公正、榮譽、公平競爭、自由、媒體自由、執著、人權、真誠、坦率、理解……。

然而也有「壞的」詞彙，而且數量多得多：頑強、固執、狡猾、奸詐、聰明、欺詐、好意、誤導、自我中心、操控、追逐私利、博取聲名、譁眾取寵、膚淺、資本主義者、社會主義者、心胸狹窄、耍花招……。這些還不太算是直接的負面詞彙，「愚蠢」或「無能」之類的才是直率

的判斷；這些我們輕易脫口而出的譏諷言詞，本身就帶有價值觀，造成的威脅要大得多。「好意」這個詞彙是個好例子，看起來是正面的，但我們往往以負面的方式使用，下面這段文字取材自一篇報導，內容是敘述「靈恩運動」（Charismatic Movement）對基督教發展的價值：

「基督教的公開發展和成長能維繫開創性的緊張情勢，有助於保持熱烈的信仰。」

「公開」、「發展」、「成長」、「開創性」和「熱烈」這些字眼都是價值承載的言詞，帶有樂觀的印象。

我曾經在加州與一位心理學家交換意見，討論中我抱持挑釁的立場，堅持整個後佛洛伊德學派（post-Freudian）強調的深入發掘「真實的自我」和「行為背後的真正原因」可能根本走錯路了。我認為，或許表面的人格——個人為了面對世界而編造的面具——才是真正的重點。有趣的是，這個討論幾乎無法持續，因為我用到的所有詞彙本身都帶有負面價值：表面、外表的、面具、編造的、掩飾；而所有他用的詞彙都有種內在的正面價值：真實的自我、根本的本質、現實的自我、深層的真實、行動的主要動機和隱藏的原因。這是因為我們援用了佛洛伊德學派本身的慣用語（我們太習慣這些用語了），賦予這些

詞彙的價值。

　　同樣的情形，也會發生在你想討論將某位員工安置在一個他不喜歡、卻能發揮功效的職位上，所有你說的話到最後聽起來都像是在「操縱」，這當然具有負面的意涵。即使你讓那位員工自己選擇，或者甚至讓他規畫自己的工作，其中的暗示還是你所做的只是為了自己的利益，而不是他的利益，因此這就是操縱。

　　如此眾多的議題，都因為我們所用的言詞受到其內含價值混淆，使得我們不論說什麼，都會面臨未審先判的命運。看到這種事實在讓人驚駭。如果你試圖以簡單的方式解釋複雜的事物，那麼你就是個「通俗作家」，這是個最方便又無所不包的嘲諷詞彙。

　　看一篇政治言論或報紙社論（讀者來函更好），將內文中所有出現的價值承載言詞用筆圈起來，會是個有益的練習。結果會讓大部分的人驚訝不已。

　　在所有價值承載的言詞中，有必要提一下那些含有特殊價值的詞彙聽起來重要但其實沒說到什麼，例如「關於」、「注意這點」、「有勇氣做」、「會深入調查」、「有些進展」。它們大多是政治語言，功效是說了一大堆卻不必有任何承諾或保證。

覺察偽裝的思考

「檢查價值」是一種覺察的練習，要緊的是意識到存在於某個情況下的價值、價值衝突、相關人士感知的價值，以及這些價值的根源。仔細思索下列情況所涉及的價值：有位發明家設計出一款織布機，速度比現有的機種快三倍；一位員工知道他的老闆收取賄賂，但也知道老闆很關心員工；大眾運輸罷工；一位醫生收取十分高昂的醫藥費以進行救命手術；政府取消國內的藥物專利；一個政治人物從所屬政黨轉到新的政黨。

最重要的練習是之前提到的練習：檢查一篇文章或一番話，以找出其中所含的價值承載言詞。你會很驚訝地看到，有多少大家認為是思考的話語，其實只不過是熟練的價值承載言詞飾品。

09

LESSON

跳脫框架的
10 大決策法

決策前後的思考

　　做決策一向是件實際的事，所以我也打算用實際的態度來處理這個議題。

　　決策的能耐，總是與欠缺多少賴以下判斷的根據成正比。如果有足夠的資訊讓我們下判斷，那麼身為人類的我們就顯得多餘了。只有在資訊的分析不充分的情況下才稱為做決策——也就是說，我們必須思索、猜測或運用人類的價值觀和情緒。因此，在做決策時人的因素是重要的關鍵。說到底，所有的判斷都是情緒性的。

　　因此我打算討論相當普遍的決策——不是那種需要輸入不同因素、透過經濟學模式運算得出的決定。即使以這種方法得出結論，到最後仍舊像是一個普通的人為決策。

　　下圖是 L 遊戲下到某個階段時的模樣。其中一位玩家

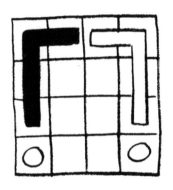

© de bono 1969, UK patent 1148172

只用了一步棋便贏了。就像先前提過的，遊戲規則是每個玩家有一個 L 形棋子，他可以將棋子移到任何空位上，接著可以選擇要不要移動任何一個小的中性棋子。遊戲的目標是封鎖對方的 L 形棋子，讓他沒地方可下。

L 遊戲所需的決斷形態算是簡單的，因為判斷的價值不難找出：贏了遊戲或是輸了。在幾乎所有要下判斷的情況中，難就難在判斷的價值只能留待未來驗證——做了決定之後。玩 L 遊戲需要搜尋許多替代步驟，不過其數量還是有限的；在其他的決策中，替代方案的數量只受限於我們的想像力。

決策前框架：要先思考什麼？

決策前框架（decision pre-frame）是決策時所處的環

境。背景如何？你得在什麼樣的環境冷靜、恐慌、衝突、競爭壓力……下做出決定？為什麼必須做個決定？為什麼現在需要做個決定？如果暫時擱著，事情會自動解決嗎？或者是失去了一次機會？有必須做決定的壓力嗎？這個壓力是自己強加於自身的、別人強加給你的？或是受累於朋友的建議？

這個決定的時間表如何？該時間表必須包含下決定及其影響。這決定得在今天下還是這個月、今年、未來十年內？這決定的後果什麼時候會顯現──下星期或未來二十年（譬如建新的發電廠）？

最後還有決策的「形態」要考慮。它是需要調整，改變方向，還是乾脆改弦易轍？這決策是要停止還是開始做某事？這是那種要靠其他人才能執行的決策，或者決策者自己決定就行了？萬一行不通，能不能取消？這決定是眾多決定中的一個，或者是為後續進程定調的決策？這個決策的決策者有沒有下判斷的能力？

我們可以總結這些為：背景、需求、時程和形式。

替代選項是怎麼跑出來的？

有些替代選項可以很明顯看出，有些則需要有創意的頭腦費力發掘或規畫設計出來。除了顯而易見的替代選項外，其他的至少都需要某種程度的刻意努力。然而到了必

須做決定的時刻，這個步驟就得喊停，期望能找出最終極的替代選項並不切實際。前面的章節已經提過設想替代選項的必要性，所以這裡不再重述。

留意這點便夠了：遇上難以做抉擇的時候，就值得回頭嘗試設想另外的替代選項。

10 大決策法

這裡先簡單說明一下價值觀與優先順序的關係。有時候優先順序可以等同價值觀，有時候則可視為次要目標（個人想完成的事）。在下列 10 種決策方法中，價值觀與優先順序夾雜使用：

一、骰子法

列出所有的替代選項，然後擲骰子決定從哪個著手。雖然這麼做看來有些怪異，不合理以及令人無法忍受，但它確實有些道理存在。做決定的負擔是放在「別人或別的事物上」。在這案例中是骰子——在其他案例中可能是星象、命理師、命運等等。每次都只有一個簡單的基本點。

做出對的抉擇比較重要，還是滿意於你所做的決定？

長久以來心理學家都知道，人們下了決定後會傾向於逐漸喜歡並且合理化其決定。因此骰子法有其邏輯：做出

決定，然後歡喜接受結果。

骰子法最好是當成一個嚴肅的方法來看待，因為在某些情況下「做個決定這差事」甚至於比選擇正確的決議更重要。

一個富有的叔叔願意提供下列選項之一作為你的生日禮物：

1. 一雙新鞋。
2. 看場電影。
3. 自由選擇朋友到餐廳吃飯。
4. 你選的六本書或影片。
5. 乘坐勞斯萊斯三小時。
6. 一部拍立得相機。

擲個骰子，看看結果是哪一個，然後再看看你會不會喜歡這個決定。

二、容易者勝出法

到最後不僅要做決策，還要有後續行動。比較起來，有些方案顯然更容易選擇也更容易執行，「容易者勝出法」要強調的重點就在此。有什麼最容易的方案可選？當然，答案因人而異，所以這選擇是主觀的。一旦挑出簡單

的方案，接下來便是要努力發展並支持這個決定。這是有自覺、正面的努力嘗試。假如努力到最後，這個選擇似乎可以接受，那麼就是這一個；假如不如預期，則有必要換另一種。

有個女孩發現她男朋友邀約她最好的朋友。她有下列幾種選項：

1. 裝作不知道。
2. 問男友怎麼一回事。
3. 與男友吵架。
4. 警告她的朋友別去。
5. 跟別人約會。

容易者勝出法取決於當事人的個性，不同個性的人認為的容易方法各不相同。選擇最容易的方法是第一步：如果這選擇最終證明可行——那就最好了。

三、詳加說明法

決策者想像他依次選出一個選項，在每個選項中，他想像要對朋友解釋做此決定的理由。在此虛擬的腳本中，他提出所有的理由都在解釋「為什麼這是個好選擇，又為什麼會適合他」。每個支持的理由都要寫下來，然後再看

過一遍，讓每個理由自己說話。哪一個看起來最好？哪一個看起來最合理？有時候很輕易就能挑出其中最好的。要是有些支持理由十分薄弱，就讓它們自動消失。

有家保險公司提出下列激勵措施讓員工選擇：

1. 酬勞更高。
2. 每週工時縮短。
3. 假期延長。
4. 需要時有更多休假。

選擇因個人而定。想像你是這家公司的員工，逐一針對每個選項，對朋友解釋你選定它的理由。每個人的狀況不同、支持理由也會不一樣，以你自己的情況為準（家庭人口等等）。

詳加說明法是容易者勝出法的延伸，只不過在這方法中每個選項的支持理由都有詳細論述的機會。若能將支持理由的論述做得愈有條理，這個方法的成功機會就愈大。

四、布里丹之驢法

這隻杜撰出來的布里丹的驢子（Burideńs ass）站在兩堆一樣多的秣料中間，因為遲遲無法決定要走向哪堆秣料

而餓死。兩邊的選擇完全一樣，讓那隻驢子無法決定往哪走。布里丹時代盛行辯論，而這隻可憐的驢子就成了哲學家針對自由意志沒完沒了辯論裡的主角。

由決策的觀點來看，驢子的主張其實是一個重要的觀點。在兩個選項一樣好的情況下，做決定應該是輕而易舉的事，因為不管選哪一個都是可接受的，你只需擲個銅板決定，然後高興的接受結果就行了（應用骰子法）。然而為什麼做個決定這麼難呢——譬如一位年輕女子在兩個合格的單身漢間不知該嫁哪一個？這個問題的答案必定是，我們難以放棄另一個吸引人的選項。換句話說，驢子的問題在於牠不願意轉頭離開任何一堆好吃的秣料。一旦我們知道即將獲得某物，其吸引力便消退了，在此同時，放棄另一事物的苦惱卻遽增。

布里丹之驢法正好可以處理這個問題。**做決定的人要盡最大的努力依次「貶損」或挑毛病，讓每個選項看來都不吸引人。如果做得好，放棄任何一個便不會覺得痛苦，接下來即可看出最好的選擇。**

假設有一位魔法精靈應允你可以從下列願望當中選擇一項：

1. 變得非常有智慧。
2. 變得非常有錢。

3. 變得非常美麗。
4. 變成非常有才華的藝術家。

貶損方法可能如下：

1. 變得非常有智慧：你可能會覺得其他人都是笨蛋，你或許更能察覺世界的悲慘。
2. 變得非常有錢：你永遠都不會知道誰是你的朋友，你可能會開始嫉妒比你更有錢的人，你會有很多事得擔憂。
3. 變得非常美麗：你會擔心失去你的美貌，你會吸引討厭的人物，你會恃寵而驕。
4. 變成非常有才華的藝術家：萬一沒人欣賞你的才華將會十分挫折，隨時會有新的視野出現，才華有可能成為負擔。

　　最後的抉擇依然是因人而異，不過現在比較容易放棄那些沒選上的選項。

五、理想解決法
　　這個方法是列出所有的選項然後擱在一邊，接著導入一個適合此情況的「理想的解決辦法」。這個理想解決辦

法的樣子」是經過謹慎考慮，不必太在乎細節，但應該留意其特性。現在拿出選項清單，逐一檢視哪一個選項最接近「理想的解決辦法」。換句話說，個別選項不再為自己發言，而是比較哪一個最接近「理想」。

某個小鎮有一塊空地，其用途有下列建議：

1. 停車場。
2. 蓋住宅。
3. 闢為公園。
4. 作為遊樂場。
5. 開放性市場（市集形式）。

這些選項先放一邊，先討論「理想的」解決辦法會是什麼樣貌。最後大家同意它應該使最多人獲益，而且應該馬上讓生活更愉悅。當所有選項都拿來與這個「理想的解決辦法」比較之後，闢為公園的選項獲選。

採用這方法時，最重要的是誠實，而不是只想塑造「理想的解決辦法」以迎合某個既有的選項。同樣的道理，不應該在一開始就設想什麼是理想的情況，接著才列出各種選項，因為如此一來考量選項時會試著迎合情況的需求。要等到後面才比較哪個動作最適合，首先列出的選項名單必須是客觀的——早在理想情況的樣貌出

來之前。

六、最佳生息地法

所謂一個主意的「最佳生息地」，**是指這個主意最能在該環境或背景下茁壯。就像在一個房間內總會有個地方最適合擺上一瓶花，或是一支球隊裡總會有個位置最適合某位球員，所以我們可以描述某個特定主意的最佳場景或「生息地」。在這種情況之下，這個主意就成為決策的選項。**

我們為每個選項尋找最佳「生息地」：對什麼樣的人、在什麼樣的情況下，選擇這個選項會是最好的？舉例來說，有人對你很無禮，你有兩種選擇（只是舉例），其中一個是揍那傢伙一拳，那麼這個選項的最佳「生息地」會是某個具有火爆脾氣和大塊肌肉的人。然後你就比較這個「生息地」和現實狀況：你是個肌肉發達的火爆浪子嗎？

有家小型工廠正著手製造電燈泡。經過討論，出現下列兩種策略：

1. 製造比別的廠牌更價廉的電燈泡，不過壽命並不長。
2. 製造壽命更長的超級燈泡，但是售價稍高。

廉價燈泡概念的最佳「生息地」，是具有經濟規模的大型工廠、廣告預算多、通路系統佳，以及有能力調整價格以面對競爭。超級燈泡概念的最佳「生息地」，則是需要高毛利的小型工廠，能夠占據小眾市場或特殊利基的市場。比較過最佳「生息地」和現實狀況後，製造超級燈泡似乎比較合適。

　　就像其他方法一樣，你必須很客觀地為各個選項勾勒出最佳「生息地」的樣貌。

七、「要是……」法

　　變換「要是……」以改變狀況，看看到哪個點之後選項變得不再吸引人。假設你已經決定要到西班牙馬貝拉（Marbella）度假，就可以開始設想下列的「要是」：

- 要是那裡每天下雨呢？
- 要是你遇不到半個人呢？
- 要是今年不流行去馬貝拉呢？

　　當你無意中發現「要是……」讓你的某一個選項失去吸引力，你就已經挑出了做該項選擇的背後原因。以上面的例子來說，如果在某種程度上「不流行」，使得去西班牙馬貝拉度假失去吸引力，那麼很顯然的，跟上

流行就是決策過程的較大影響因素 —— 在這種情況下，就應該選擇比馬貝拉更熱門的地點。一對夫妻都有非常好的工作，而且子女都已成年。現在這位丈夫獲得一項他夢寐以求的工作機會，地點在兩百哩外的小城鎮。就目前來看，妻子在當地找到適合工作的機會不大。他們可能有下列幾種選項（這只是做練習，因為在實際上可能會有更多選項）：

1. 拒絕該項工作機會。
2. 接受工作，夫妻在週末團聚。
3. 妻子辭職搬到新地點。
4. 接受工作，日後有必要時再辭職。

然後我們做「要是……」練習：

● 要是實際工作並不如原先想的有意思？
● 要是分隔兩地的夫婦其中一方有外遇？
● 要是夫婦中有一人生病？
● 要是情況反過來，是妻子有新工作機會呢？
● 要是在同一個地方兩人都有可能找到較好的工作呢？
● 要是妻子在新地點真能找到工作呢？

此過程的真正重點在於：

1. 實際工作真的如原先想的那麼吸引人嗎？
2. 有任何工作算得上是人生中最重要的部分嗎？
3. 應該由妻子做決定嗎？

八、簡單矩陣法

矩陣的模樣，就如下圖所示。在縱向欄位列出選項，頂端橫向欄位列出你要的性質，然後在方格中標示某個選項是否符合某項特質。

簡單矩陣法的目的，是要挑出在做決定時少數幾個關鍵性質。少了這些性質，得出的決定就沒什麼意義。要使它確實發揮功能，就必須逐一檢視，挑出那些完全不適合的選項。

舉例來說，假如一輛舊車沒能通過車輛駕駛性能測試，那麼車主可能會有下列幾種選擇：

	價錢	開車花費	可靠性
修車			✕
新車	✕		
二手車			
租賃			
叫車	✕		

1. 花錢修車。
2. 買一輛新車。
3. 買一輛二手車。

4. 長租一輛車子。

5. 只在有需要時叫車。

「關鍵」性質如：取得車子的花費、開車的花費、方便性和可靠性（一起考量）。

「九、詳盡矩陣法」插圖說明的，是做完簡單矩陣之後該怎麼辦。有些選項因為不符條件而刪除，剩下的可以利用別的決策方法加以檢驗，不然也可以再做一次關鍵」性質檢驗。重複此步驟，直到唯一一個選項勝出。就某種程度而言，簡單矩陣法是一種「倖存」法哪個選項，能夠在「關鍵」性質的嚴格篩選下倖存？

九、詳盡矩陣法

在此方法中，矩陣列出做決定時所需的全部優先順序、價值和考量。所有這些因素要在一開始就全部列出來，逐一檢視每個選項所擁有的性質，最後再重新檢視那些擁有最多性質的選項。在這個階段裡，也可利用別的決策方法檢驗。只以擁有最多性質的選項作為挑選標準會有相當風險，因為每項性質的重要程度並不相同。擁有兩項較不重要的性質，抵不過擁有一項主要性質（有些辦法可解決，但是都太過複雜，而且這終究是主觀問題）。

下圖舉列說明，要在摩登、傳統和功能取向三種不同

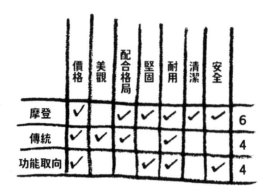

	價格	美觀	配合格局	堅固	耐用	清潔	安全	
摩登	✓		✓	✓	✓	✓	✓	6
傳統	✓	✓	✓		✓			4
功能取向	✓			✓	✓		✓	4

風格的廚具中做取捨的詳盡矩陣。要求的性質包括：價格、美觀配合現有的廚房格局、堅固、耐用、清潔或容易維修、方便和安全。在這種情況下，「摩登」風格看似勝選。然而在此刻，買主可能會說：「顯然買摩登風格最划算，不過我喜歡傳統風格的樣子。」合理的決定是：「對這買主來說，美觀的重要性勝過其他」。

十、懶人法

這個辦法簡單、直接又很符合人性。逐一檢視選項，看看哪個會引發擔憂、貪婪和偷懶，再來做決定。換句話說，驅使當事者做此決定的真正動機是什麼？這個方法也簡稱為「FGL 法（Fear, Greed, Laziness）」。

一位祖母獨自生活。她的兒子覺得她愈來愈老邁，不應該單獨生活。他考慮下列幾個選項：

1. 一切照舊。
2. 為她找家養老院。
3. 接她過來與兒孫同住。
4. 付錢請人照顧她。

第一個選項包含很大的偷懶因素（最不費力的選擇）。不過同時也包含她可能發生意外的擔憂。在貪婪方面，這個選項比起其他的花費較少。

將這位婦人安置到養老院也含有偷懶因素（不需要親手照料）。可能得花不少錢（貪婪因素）。會擔憂老婦人或許不喜歡這主意。

接她過來與兒孫同住會引發擔憂，怕她與妻子處不來或引起家人不快。其中有個貪婪因素存在，也許她會在遺囑中留一筆錢給他。

請位管家得花上一大筆錢。這其中含有很大的偷懶因素，將照顧責任轉移到別人身上。在擔憂方面，只是怕別人說閒話為什麼不送她到養老院。到最後，這個決定就像所有決定一樣，全都取決於情感。不過，現在整體狀況已經釐清了。

有時候你可以清楚地看到，擔憂、貪婪或偷懶是讓某個選項有吸引力的主要原因。

決策後框架：該考慮哪些？

在「決策後框架」（decision post-frame）中，個人風格和自我形象是非常重要的因素。那種決定是某人會做的嗎？如果某個決定顯得殘忍無情，決策者能夠忍受由自己付諸實行嗎？決策需要客觀，但是決策者的個人風格也是此客觀中的一部分。

相關的人必須詳細考量。他們可能得同意做出的決定，也許還得負責實行，而且可能都會受到影響。在這點上，可利用前面提過的 OPV 法或邏輯泡泡法。

決策的後果得在不同的時間點接受檢驗：立即、短期、中期和長期（藉由前面說明過的 C&S 法）。

然後，還有將決策付諸施行的問題。誰要執行？要怎麼執行？有現成的管道嗎？或者得自己開闢一個？執行的各階段細節如何？可能會遇上什麼樣的問題和滯礙處？風險與危險之處在哪？所有這些問題點都適用於任何執行進程（因此都得在後面階段加以考慮）。

整體的形勢如何？決策落實之前，要有局勢或環境的整體「圖」，其中包括競爭者、對手和世界局勢──涵蓋大範圍與小範圍。

最後，還得有個「退場」狀態。要是不久後證明決策錯誤呢？萬一窒礙難行呢？要是環境改變呢？這決策可以推翻嗎？還有挽救的機會嗎？有任何轉機嗎？有時候你可

能會覺得，「退場」狀態的設計削弱了對既成決策的信心：假如你確信做了對的決策，那麼為何要設計這麼一個退路？但是所有的決定都只是推測——否則就不需要做決定了。不想冒險和未雨綢繆、防範事情不如預期，兩者是有差別的。

適合現實環境者先行

你或許已經發現，之前提出的許多方法所強調的並不在於各選項的重要性，而在於它們是否「適合」現實環境。我們有必要將困難的決定改變成容易的優先。說到底，所有的決定都受情緒左右，只是對情勢的了解愈清楚，情緒的運用也會愈合宜。

考量現實，推測未來

思考者在做決定和選擇時都需要推測未來。我們不能確定未來會發生什麼，也無法確知未來我們會有什麼情緒和感覺之前提過的許多注意力導向工具（PMI、C&S、OPV 和 CAF）都可運用於此。如果你能清楚了解你的優先順序和期望（或需要），將比「只著眼於周遭情勢」和「你可以有什麼選項」更容易下決定。

隨堂練習

針對下列情況，任選一個決策程序來做練習。不過，你並不需要將同一種程序運用在每個情況下。

1. 決定接受一個高薪無聊的工作或是低薪有趣的工作。
2. 決定光顧一間新餐廳，或是一間你很熟悉的餐廳。
3. 決定買什麼類型的汽車。
4. 決定居住在哪裡。
5. 決定客廳要漆成什麼顏色。
6. 決定要不要辦個派對。

10

LESSON

學校沒教的操作力

拆除卡住你的條件匣

　　把人分成「思考者」與「行動者」，是非常愚蠢的文化觀點。思考可以作為不行動的藉口，偏好完美的思想勝過實際的行動；思考者可以等全部的資訊和詳盡的細節完備後才開始行動；思考者可以四兩撥千斤又閃爍其詞：「一方面怎樣，另一方面又如何。」暗示實際行動是不可能的暗示。「學院派」的思考觀點應運而生，美國大學因此支持教授在現實的行動世界裡多花時間。這種行為在英國大學會引來不滿，因為純學術的理性研究和被動的學問（內容是重複別人的成果，出處又來自其他人）當然有其必要性，卻只是思考範疇中的一小部分，儘管有其重要價值。廣泛、實際、健全和行動導向的思考，不僅不是次級思考，在許多方面甚至更優越。不確定性和風險必須加以評估，行動進程也得好好「設計」。

有些人是所謂的「行動者」，他們宣稱「動手做就是了」並不需要用到大腦。如果真是這樣，那麼他們有三種選擇：憑直覺與經驗、墨守成規、碰運氣。有些事情單憑直覺或經驗就足以應付，不過一旦競爭者開始思考時，憑直覺或經驗做事的人可能就不知道如何因應了。墨守成規者也只適合生存在一個單純、沒什麼競爭的世界，傳統上，保險業界大都憑直覺或經驗經營又墨守成規，這也是為什麼這個行業總存在著一絲機會，使那些抱持不同想法的人很想進入其中大賺一筆。碰運氣常會以「簡單常識」的偽裝形態出現，有些人碰運氣，而運氣也幫忙，更多人卻是始終見不到運氣的蹤影。

在實際行動中，毫無疑問，「有效性」的特質比智力上的考究重要得多。只是有效性特質的背後需要大量思考的支撐，尤其是目標設定的類型繁多。行動導向的思考者或許更關注於可能性的正面觀點，而較少懷疑和恐懼，卻也仍然是種思考。行動者要是站起來驕傲地宣告說他不思考，不是代表他有幸運之神眷顧，就是思考給人的印象太差了。多年來我接觸過的大企業，遍布歐洲、美洲和東方（IBM、杜邦〔Du Pont〕、美國保德信金融集團〔Prudential〕、默克藥廠〔Merck〕、瑞士聯合銀行〔Union Bank of Switzerland〕、殼牌石油〔Shell〕、英國石油〔BP〕等等），無疑的，這些公司都非常重視

思考。這是真的，我甚至於會說，一般而言，商界對思考的興趣遠大於社會上的其他行業，除了教育界。就我的經驗而言，商界對思考的濃厚興趣遠高於社會其他大部分行業，這或許是因為，其他行業（學術界、政治界等等）早就有足夠的證明顯示，你是對的，而其他人是錯的，這就夠了。在商業世界中，你也許認為你總是對的，不過真實的考驗還在後頭，萬一市場不認同，那你就有麻煩了。在許多行業中，「敘述」和分析便已足夠，但是在商業世界裡，你不但絕對需要積極的行動力，還要有創造力。商業界並非靜止不動的，所有事情總在變化中。自滿是會導致致命的。

操作力：實踐所需的技能

　　教育的基調，是認定建立了足夠的背景知識後，實際行動就會變得比較容易。其實不然，實際行動的技能與知識的技能一樣重要。教育界不能認知這一點實在是個悲劇。為了方便起見，**我創造了 operacy（操作力）這個詞彙，它源自於 operate（操作）和 operational（可使用的），因此合併為「實踐所需的技能」，當然也包括實踐所需的思考技能（譬如設定目標）**。就像我前面提過的，我認為實踐力應該與讀寫能力、計算能力並列為教育的主要目標。

做事情的三種方式

傳統上有三種做事情的方式。我們可以用球滾下坡的模型來說明，如下圖。

第一種方式如下圖所示，這是球在斜坡一角的俯視圖。

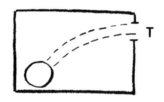

圖中的「T」代表目標。我們挖掘一條溝槽或渠道，讓球沿著它滾到目標。這方式等同於設定程序步驟──很有效率的一種方法，儘管缺乏彈性。

至於第二種方式（如下圖），圖中「T」所在的位置上有顆小燈泡，而球上具有某種感應器可以讓它自己找路趨向目標。這是一種目標導向行為或目標管理。這需要比

第一個方式「更高水準」的人才能讓它順利運作，不過這方式具有更多的彈性，因為你可以從任何一點開始進行，此外目標也可以輕易的改變。

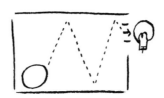

在第三種方式（如下圖）中，就只是單純的將球放開。在球滾下斜坡之後，我們標定球的停止點為「T」或目標。換句話說，一路上我們並沒有設立真正的目標，並假裝我們的所在就是我們要達成的目標。

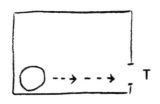

有目標，就有次目標

我有一次出功課給一些孩童，要求他們在二十秒內把蛋從一個地點移到另一個地點，愈多愈好。當下的立即反

應（特別是在時間壓力之下），是同組的兩人盡可能在每一趟各自拿最多的蛋到另一個地點。第二次，我要求參與者先想一想再行動。不出所料，他們有些人考量到次目標：為了更輕鬆地達成終極目標，應該先做些什麼事。其中有項提議是找一塊布當作裝蛋的容器

工具 13：AGO，標的—目的—目標

這是 CoRT 思考課程中另一個注意力導向的「思考工具」，雖然很簡單，實際運用時卻是最困難的課程之一。孩童特別難以依據目標來思考，或許是因為他們的生活都由別人安排（要做這個、要做那個），設定目標是件相當怪異的事。假如問他們為什麼要做某件事，他們很可能會回答：「因為我得做。」對他們來說，設定目標（或次目標）然後努力達成的想法似乎非常奇怪。既然學校不強調操作力，也就不用指望在他們的受教過程中能有什麼改變。決定通過一項考試，終究只是遵循著別人設定好的例行路徑──比較像意圖而非目標。

AGO 代表 Aims（標的）、Goals（目的）和 Objectives（目標）。雖然三個字的字義有些不同，但在此處的注意力導向工具中不要太計較。可能在某些情況中，其中一個字彙的含義最符合，但一般而言，其任務就只是要設立目標，或者說選定似乎合用的目標。

舉例來說，針對汽車設計師「做 AGO 練習」，結果可能如下：

- 符合市場潮流和需要（也要有前瞻性）。
- 合宜的價格等級。
- 顯眼的特色。
- 開車成本經濟。
- 可靠。
- 讓人眼睛一亮的外型。

　　這些目標中，有些含有其他的次目標。譬如「開車成本經濟」包括空氣動力學的款式以減少空氣阻力。在此項目中，因為考量到優先順序，可以視之為次目標。

隨堂練習

　　針對下列情況做 AGO 練習：

1. 創立小型企業時，第一年的目標為何？
2. 有家報社大幅降低報紙售價，背後的目標可能是什麼？
3. 警方在處理青少年犯罪時，目標應該為何？

4. 學校的目標是什麼？

5. 在處理猛烈大火時，消防隊長的目標會是什麼？

6. 記者的目標是什麼？

標靶：讓它變得又寬又近

標靶只不過是目標的另一個同義詞。就如同下頁圖所示，標靶可以是在遠處或在近處，可以是寬闊或狹窄。假如一個標靶又寬闊距離又近，就比較容易達成。**所以不能只說：「它是我的標靶，我該如何達成。」而得要好好設計或改變標靶，使它更容易達成。**

發明廣受使用的德信安（Dexion）角鋼條的狄米崔‧科米諾（Dimitri Comino），曾經告訴我他如何設計他的

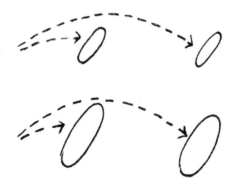

發明，使其成為一個又寬闊距離又近的標靶。這種鋼條的運用廣泛，即使部分市場銷售不佳，總還有許多其他市場用途。

假如你對著一個標靶投擲飛鏢，而你的標的又不是非常確定，要是那個標靶能夠自動迎向你射出的飛鏢，使它正中靶心，那該有多好？確實很美妙，不過不太可能。同樣的，假如你生產收音機，然後希望市場會「迎合」你而喜歡這產品，你很可能會大失所望。最好的方法，是找出市場真正需要的產品。

有策略，也要有戰術

在本書中我已提過幾次 L 遊戲，那是我以「盡可能簡單化的真正遊戲」為目標所設計出的遊戲。新玩家常覺得難以著手發展出一套明確又有效的策略，因為這遊戲看起來實在太簡單。主要的策略如下：

- 分隔未占用的空間。
- 貼近對手的 L 形棋子，利用中性棋子阻斷橫排或直排。
- 占據中央地帶。
- 避開角落。
- 將對手逼到邊緣。

以上這些都只是一般性的「指導方針」或策略；在策略之下還有各階段的步驟規畫，也就是「戰術」。一家電腦公司可能決定採取「沾 IBM 的光」的大策略，然而在這個主要策略之下，還要訂定許多戰術：避免與競爭廠商直接硬碰硬、制定靈敏的價格策略、預先考慮 IBM 的政策。另一家電腦廠商可能採取的策略，則是滿足那些需要極端可靠的電腦，而非追求最先進系統的客戶。也可能還有其他廠商把注意力擺在小企業用戶上，可能採用的戰術是製造個人電腦，先讓大眾習慣它的產品。然後再供應功能更強大的機種。在這種情況下，並不容易區分到底哪個是真正的「戰術」，或者只是個「次策略」。重點是，策略是整體的意圖和處理的方式，而這會引導出各階段的行動步驟或是戰術。

近年來，企業策略（corporate strategy）成了非常流行的主題。這是因為，在競爭激烈的業界中，占有非常優勢的市場定位或者有能力快速因應競爭對手的作為，已經不再能夠高枕無憂了。

工具 14：「倒退進行」思考法

L 遊戲的每一步都有很多種下法，實際上根本不可能讓人一一設想到每步棋的後果。對於這個問題，有個辦法就是從贏棋的棋局「倒退」。大部分（但不是全部）贏棋

的棋局，都是贏家將對手的 L 棋子逼到角落。所以我們假定，若能將對手逼到角落，最後終將逼得他無路可走，於是對手學會避開角落。

所以我們現在必須學習如何移動棋子，迫使對手進到角落。他當然也明白這個道理，因此我們得想出迫使他到角落的下法，進而逼迫他下到角落，阻斷他所有的棋路。實際上我們是「倒退進行」。

我們可以用另一種角度看待與此相同的過程。假使我們要去愛丁堡，那麼我們就從愛丁堡倒退走。如果我們能夠先到達新堡（Newcastle），接下來要去愛丁堡便會容易多了。所以我們先將新堡當成目標，然後發現從某個城鎮可以比較輕鬆到達新堡——依此類推。

此種倒退進行的過程可以用下圖說明。

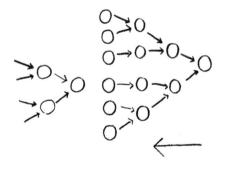

這種方法在設計行動方案上非常管用，事實上我們可以依此設計出幾套不同的行動方案，之後再來看看我們實際上距離某個「入口點」有多近。我必須說「倒退進行」實行起來並不容易，因為那得耗費極大心力及想像的能力。

當我們採取倒退進行的作法時，那些能讓我們抵達最終目標的出發點本身便成了初步目標，依此類推。這或許不是最有效率的方法（譬如說，前往愛丁堡的最佳道路也許是繞過新堡），但是在沒有明確行動方案的情況下，仍不失為一個有效的方法。

工具 15：條件匣法，把卡住你的「條件匣」拆除

我在先前的著作《商業機會探索手冊》（*Opportunities*）介紹過「條件匣圖」（If-box maps）法。這是一種用來詳細策畫行動方案的簡便標記法，目的是讓我們能夠從條件匣中分隔出「行動路線」。

所謂的「行動路線」是指，一旦我們決定要做某件事後馬上就能做的事。路線就在那裡，而且沒什麼可以阻擋我們前進。舉例來說，如果你想跟朋友借錢，沒什麼可以阻止你拿起電話打給他。

你可以打電話給你的朋友，但是無權決定他要不要借錢給你，你能做的頂多是找個好理由和發揮你的說服力。

既然你無權決定，這便是個「條件匣」。你必須等待結果出來，但它取決於你無法掌控的因素，你因此卡住了，無法繼續往你打算走的行動路線前進。

這整個概念，是要將行動方案圖解成「行動路線」（這部分你可以飛奔而過）與「條件匣」（卡住你的地方）。

舉例來說，你想到一個商業點子，認為照相機出租事業有利可圖（就像是目前存在的租車業），讓人們在外出度假、旅遊勝地、特殊場合時可以租用。你也許會建構出如下圖的條件匣圖：

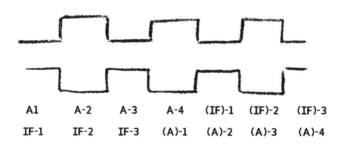

| A1 | A-2 | A-3 | A-4 | (IF)-1 | (IF)-2 | (IF)-3 |
| IF-1 | IF-2 | IF-3 | (A)-1 | (A)-2 | (A)-3 | (A)-4 |

圖下方標記的意義：

A-1：找一家銀行貸款。

IF1：假如銀行同意貸款。

A-2：提交一份市場調查報告。

IF2：假如調查報告顯示確實有市場。

A-3：著手找相機公司談優惠交易。

IF3：假如相機公司同意這樣的交易。

A-4：尋找營業場所等等。

　　我們有可能在檢視上述的條件匣圖之後，發覺其行動路線與條件匣並沒有引導出最佳的結果。因此我們或許可以更改如下：

　　（A）-1：到度假勝地尋找開店的地點。

　　（IF）-1：假如能找到一個。

　　（A）-2：租下店面，為期一季。

　　（IF）-2：假如你的相機出租服務測試成功。

　　（A）-3：帶著你的成功證明開始找相機公司洽商。

　　（IF）-3：假如你能談成優惠交易。

　　（A）-4：帶著你的成功證明和你的交易條件，尋找
　　　　　　　銀行洽談貸款。

　　到了這個階段再找銀行洽談，會比一開始只憑腦袋裡的想法就找銀行更容易成功。

　　就如同我在《商業機會探索手冊》中提過的，條件匣圖列出的總是最佳狀況。你先列出所有可能會發生的事，

假設事情進展順利，一切都如你預期，那麼將不會有分支點。假如你想順著其他的反應走下去，也只需另外畫一個條件匣圖即可。

計畫趕不上變化？

在快速運轉的世界裡，計畫幾乎總會有失誤，因為它們都是依照現實狀況及推斷當下潮流而擬定的。計畫的不可靠，不能作為忽視它的藉口，而是要視為一種提醒我們「計畫不能做得沒彈性」的警訊。做計畫時要考量到狀況會改變，同時也得顧及特定狀況會不會持續。重要的是規畫時就要顧慮到彈性和不確定性。

計畫可比擬為一條「主流」，代表某些事情在特定的時間點上得完成。在這條主流中還有些「支流」加入，代表另外有些事情得完成，因為唯有如此才能使主流繼續前進，如下圖所示。

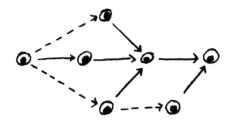

當然，有可能在主流的某些點上得先完成一些事情，才能讓支流順利流入。這種狀況會以虛線顯示。到最後，你可能會做出很像商業界廣為使用的規畫法。

　　在草擬一項計畫時，必須涵蓋先前提到的改變的可能性：它應該有彈性，才能在環境改變時（譬如匯率變動）繼續執行下去；它應該包含轉折點，如此在這些點上經過整體情勢評估後，也許就決定改變路線或目標；它應該包含監測點，讓人可以經常評估當下的情況；它應該包含各完成階段，讓人對計畫的進展可以稍微欣喜一下；最後它還應該包含停損點，萬一事情的演變出錯（不管是因為計畫失誤，或是環境發生大變化）時可以終止計畫。最重要的是，這些都應該涵蓋在計畫裡，它們不僅僅是處置計畫的方法而已。

宏觀調控

　　所有的行動都發生在未來。我們可以將未來視為一幅地形景觀，所有的行動措施都將在其中實行、驗證。這個地形景觀或整體態勢具有某些特色有可能是行動必須的，可能有助益、可能是阻礙。我們可以依次檢視它們。

人：選擇對的人來做對的事

　　不管是策畫或接受行動方案，都要由人來做。派任、

指示、溝通都是要費思量的事。當事人或許會促成或阻礙方案，可能不感興趣或怠惰，可能破壞、抗拒、反對或拖延。當事人的邏輯泡泡也許得加以測試，以了解他們的動機。這中間的關鍵，也許在於選擇對的人來執行。

風險：每個機會都有風險

所有的行動方案都有風險，因為我們無法清楚得知未來的情況。在一些無法全盤了解的領域（例如市場對一項產品的反應——即使已經做過市場調查），總存在著未知。你可以猜測政府和競爭者的態度，但不可能完全掌握。此外還有無法預知的改變，譬如通貨膨脹、貨幣利率和原料價格。科技的突破性進展也是個未知數，生產線的失誤或是產品的安全性有問題更是實際的危險。另外原始的預測沒實現而出現不足也要格外小心。

限制：也許持續，也許轉變

限制因素包含法律限制、管理上的限制和銷售系統強加的限制。除此之外，也可能有時間和價格的限制。限制也許會直持續下去，或者會發生轉變。一旦產品標準訂定（不論是主要廠商的決定或大家的協商同意），之前所設計的產品可能會顯得過氣或是無法販售。

資源：能量和行動的工具

　　資源提供了「能量」和行動的工具。資源包括人、金錢、時間、努力、誘因、知識、商譽、市場定位以及許多其他因素。

未來：誰的作為攸關你的將來？

　　我們有必要對未來的局勢做一些評估，其中應該包括政治變化，例如不同政黨主政。此外也應該考慮競爭對手的行為，不僅因為競爭對手會想辦法因應你的行動，也因為他們本身自有其行動方案。

日常生活也用得到的法寶

　　本章節中提到的部分內容，看起來似乎比較適用在事業上而非日常生活中。這是因為「行動」是商界的基本形態，無時無刻總有事情在發生，各企業也總是在訂定計畫、策略和目標。而在日常生活中，日子有可能日復一日安適度過，不需一絲不苟地設定目標。想過得更有意義的人，不難從本章中擷取一些有用的方法，在日常生活中應用——例如簡單的 AGO 或是條件匣圖。

11

LESSON

我是一個思考者

練習，練習，再練習

由於這是本書的最後一章，我將盡可能的專注和實際。要怎麼做，才能將思考發展成一種有用的技能？

掌控、隨意

思考者應該能夠依其意願開啟思考。思考者應該能夠將他的思考導向任何議題或一個議題的任何觀點。但這並不表示，除了思考當下需謹慎仔細，其他都不必想就可行動。有種「概況性」的思考是隨時都在進行的，這一點我將在稍後說明；在這裡我要強調的是，個人能掌控其思考，以及能夠隨意使用它的重要性。

專注、聚焦

沒經過訓練的思考通常都是點到點的大混合，從一個

想法漂泊到另一個，中間有一大堆沒用處和沒效率的東西。這類型的思考者通常只有在攻擊別人的某些觀點時，才會變得專注。在思考時維持專注，是非常難做到的事。我們的心思喜愛遊蕩，隨著吸引人的小徑開啟而四處漂泊，這部分的思考有其功能，特別在啟發創造方面，但是這種懷抱希望的漂泊方式不應該成為占有主控地位的形式。在沒經過訓練的思考中，某些想法會觸動情感，進而決定檢視事情的方法，於是思考便沿著這條路徑前進，不曾真正用心探索議題。

本書提及的各種思考工具，都已經應用在 CoRT 思考課程中，藉此維持思考時的專注。你可以先來個周詳的 PMI 或 OPV 練習然後再實際動手做。首先是下決心，接著才是真正動手，有點像是給自己下一道明確的指令。

思考的焦點可大可小，你可以將重心擺在整體的「腳踏車」上，或者擺在「腳踏車車輪的輪輻樣式」上。就像你在一般言談中可能會詢問一般性問題或很專精的問題，思考時也一樣。

自信，而非自負

思考應該有信心。任何技能若秉持信心來做，成效都比較好，譬如滑雪或打網球。然而，自負與自信之間有極大的差別，確信你是對的、確信你的想法勝過其他人的想

法、確信再也沒有其他選擇……都是自負的表徵。

就像前面章節提過的，自負是思考的致命傷，因為它會消滅思考。**一個有自信的思考者，不見得一定要是個卓越的思考者。**信心與價值完全無關，只是做事情的一種態度。有自信的小汽車駕駛人能夠很有信心的開車，或許他開得很慢，不過他知道自己技術的極限，有信心地開著車。

有自信的思考者不需要證明自己是對的，而別人是錯的，他將思考視為一種操作技能，而不是自我成就。自信的思考者願意傾聽別人的意見，願意藉由獲知新想法或不同的角度檢視事情，改進他的思考。自信的思考者願意著手，也會承認他沒找到答案。

一個有自信的廚師會犯錯，不過也能從中學習。

能享受，才會覺得有趣

如果我們只在生病時吃藥，那麼醫藥就不可能變得有趣。如果我們只有在碰上棘手問題時才思考，思考也就不可能變成一項有趣的技能。享受思考並不意味著對解謎、遊戲和難題有興趣，事實上，我自己就對這類事情不是很有興趣。思考比較像是能夠考慮不同的事情：想各種主意、解決事情、參與一種「思考」形態的討論。有些討論令人覺得無聊，像是持不同意見的一方永遠試圖說服別人

某個觀點。當參與的雙方都從各個角度探索某個議題——在討論結束時雙方都有新的構想，也激發了不同想法，這樣的討論就很有意思。

小孩真的比我們享受思考。有個委內瑞拉（Venezuela）的學童之前一向愛逃學在外遊蕩，後來他說服父母不要出門度假，因為他不想錯過他的思考課程。成人也一樣能夠享受思考，只要他們的自我能夠不受威脅，以及有某種正式的組織鼓勵他們思考。為了達成這個目的，我建議成立「思考俱樂部」的組織架構，讓人們可以享受使用思考技能，以及以有效率的方式運用他們的思考去處理各種任務。我將在本章稍後討論這個議題。

思考並不是只在遇上令人擔憂的嚴重狀況時才來想。思考可以是純理論又有趣的，比如「要是……會怎樣」。探索概念、設計概念、玩弄概念都算是思考的樂趣，絕不應該只成為你渴望證明自己正確的一種手段。假如你只是因為想將自己的意見強加於別人身上而思考，那麼除了你原有的想法外不可能再想到別的。「宣告正確」這種事真的非常乏味。

自我形象：「我是一個思考者！」

這是最重要的一點。我在本書的一開始就提過，這裡還要再強調一次。「我是聰明的」或「我可不是個書呆

子」這樣的自我形象都是價值形象，讓人只想捍衛或維護。在第一個形象中，思考不過是個用以彰顯你有多聰明的工具；在第二個形象中，思考是得敬而遠之的，因為它一定會讓人有「無聊」的感覺。「我是一個思考者」則是個完全不同的自我形象，不是一個「價值」形象，而是一種操作形象。在網球運動上，專注和練習可以改善打球的技巧；即使不是全球頂尖的選手，甚至不是球場上打得最好的人，這麼打球的人總能夠樂在其中。這就是「我是一個思考者」的自我形象。它意味著：我可以嘗試考慮事情，我享受思考事情，我有興趣發展更佳的思考技能。

就算我全部努力（包括這本書在內）的成果只能讓你達成扭轉「我是一個思考者」的自我形象，我也會很高興。與這個比起來，技術、理解和方法都只是次要的。

30 秒敏捷思考法

我們總愛以為，思考應該是自由不羈的。然而矛盾的是，嚴格的時間紀律不僅能夠增進思考的效率，也能帶來更多的樂趣。你也許可以限定自己以三十秒、一分鐘或五分鐘的時間思考某件事。在學校教授 CoRT 思考課程時非常重要的一點，就是考慮一項細節的時間只有短短幾分鐘（二～四分鐘）。

之所以必須遵循這樣的時間紀律，背後有許多原因。

首先它使得思考更謹慎和更專注，思考者開啟並且操作思索，將焦點直接對準所擔負的任務；慢慢的他會變得更熟練，能夠想得透徹。比這一點更重要的是，嚴格的時間紀律所帶來的自由。

時間紀律消除了思考的負擔和壓力，你不需要想破頭直到解決問題或是找出絕妙的解答，你要做的只是想個兩分鐘，這就是你該執行的「任務」，你知道兩分鐘過後就得停止思考，不管有沒有想到什麼主意。實務上，時間紀律在消除思考帶來的苦惱上成效驚人。剛開始時，人們擔心在這麼短的時間內無法想出什麼好點子；隨著練習的持續，他們意識到這並非練習的目的，真正的目的是在限定的時間內要用腦子思考——不管結果如何。

經過練習，即使只花三十秒思考也綽綽有餘。畢竟，在現實時間下，再複雜的夢也可以只花幾秒鐘便完成。

你想要有什麼收穫？

這是另一個非常重要的重點。如果你以為你只從思考中達成某件事情，譬如你證明了別人是錯的、解出一個謎團，找到問題的答案，或是想出一個高明的主意，那麼你可能根本不會想要再思考。你當然不會再多花幾分鐘時間思考，因為「收穫」與「時間紀律」是一體的兩面。使用「收穫」這詞彙，就如同其原本在農業上的意涵：蘋果、

小麥或不管是什麼的農作物收成。在這裡，指的是想法或概念，重點是讓當事人察覺達成什麼，即便只在非常短暫的思考時間內。或許一些點變得更清晰了？或許有些構想證實是行不通的主意？或許有個實際的建議？或許終於勾勒出一些替代方案？或許證實有些點是問題區域，需要另外花時間好好想一想？

「敏感的收穫」意指敏銳的察覺到底達成了什麼。思考總會想到什麼，重要的是能察覺它。「我就只是一直在繞圈子」的評論是一個相當重要的成果：證實你陷入了「鎖死」的狀態。

隨堂練習

針對下列的主題各想三十秒做練習，時間截止後，寫出你思考時可稱之為「收穫」的事：

1. 巴士。
2. 繳稅。
3. 禮貌。
4. 天氣。
5. 耶誕節。
6. 兔子。

這裡的練習是直接針對「收穫」。在本章稍後，我還會提及「設定思考任務」（set tasks）。

對思考的思考

一個有技巧的思考者能夠做兩件事：

1. 他能夠仔細思量議題：執行思考任務。
2. 他能夠仔細思量執行思考任務時所用到的思考。

仔細思量思考不是一種普遍的習慣，卻是思考技能的重要部分。打高爾夫球的人會考慮他們的揮桿，打網球的人會考慮他們的反手拍或發球，這種「退一步」，幾乎是以旁觀者的心態，觀看自己行為的舉動，便是技能培養的重要一環。思考者當然得養成思索自己思考的習慣，他應該能夠回頭思索自己在執行思考任務時所做的思考，他應該能夠思索自己當下的思考，他應該能夠思索他認為即將用到的思考。

思考者也應該能夠推敲別人或一般大眾針對特定議題所做的思考。推敲別人的思考，不表示志在批評別人或攻擊別人的想法，而是意圖看看別人有什麼想法。這種情況類似賞鳥者觀賞鳥類，這個方面做得愈好，就愈能發覺其中樂趣。

在仔細思量思考時，心中會出現下列幾個觀察面：阻礙、反覆出現的特定想法、情緒特點、無法想出更多替代選項的可能困難處、空白點、依不同方式看待事情、達成結論的可能性、辨識任何阻礙點、難以進行、找尋一個起始點等等。

把這些觀察做成完整的紀錄會是個很有用的練習，只有將這些概念儲存在腦中，你才有可能「觀察」思考。舉例來說，明瞭了「價值承載」詞彙的概念，你就可以搜尋並挑出這類詞彙；一旦意識到「價值承載」詞彙的不同用法後，它們就更容易凸顯出來。

工具 16：TEC 架構，標的—探究—推斷

這是個非常簡單的架構，可以用來集中思考並使之成為一項從容的作業。TEC 架構本身是併入到「五分鐘思考」內，但這部分我將在本章稍後再討論。目前我們要以更廣義的角度來看待 TEC。

T 代表 Target（標的）和 Task（任務）。

Target「標的」是思考的精準焦點。如果我們要考慮鞋子，可能會將注意力擺在鞋跟，或鞋子的整體樣式，或不同的左右鞋型需求。就像先前提過的，「聚焦」的標的

可以是廣泛的，或是你想要的精確程度。

Task「任務」指的，則是等待執行的思考任務。它可能是回顧」：回頭審視做過的事是否有改進的空間，可能是「尋找錯誤」和「改正錯誤」，也可能是「解決問題」，或只是「發掘問題」。思考的任務可以是一種創造性的練習：「我還可以用什麼其他的方式來達成鞋跟的功能？」或「怎麼把高跟鞋做得更讓人讚賞？」

本書（或 CoRT 思考課程）中提到的任何思考工具，都能夠單獨成為「任務」。你可以為自己設定一個任務，去做 C&S 或 AGO 練習。

重點是同時精確的界定標的和任務。

E 代表 Expand（擴展）和 Explore（探究）。

這是一個展開的階段。我們可以利用水平思考的技巧，譬如隨機文字或激發；可以做個 CAF 練習，以考量所有的因素；可以通盤審視我們的經驗；可以分析當前情勢；可以試著擷取熟悉的模式。

在這個階段，我們要做的是拓展視野、繪圖、探索整體態勢。在這個時間點上，我們容許某種程度的漫遊。這與學校裡的一些簡單問題並沒什麼不同：「寫下你所知道的……」擴展是具有建設性且自由流動的。我們不會在這

個階段試圖運用判斷力或是尋找最棒的主意，我們要吸取資訊和概念，所以「豐富」才是最重要的事。

C 代表 Contract（收縮）和 Conclude（推斷）。

這是一個縮減的階段。我們現在要釐清手上有什麼，嘗試達成明確的結論，或許是個解決辦法、一個有創意的想法、另一個替代方案或一個意見。現在我們可以用來設計、塑形和判斷。結論是我們思考後的成果，並非只是個總結。最後的摘要是什麼？那意味著什麼？結局是什麼？後果如何？我們可以將「結論」畫分為三個層級：

1. 一個特殊的答案、概念或意見。
2. 一份完整的收穫，包括諸如所有想過的構想列成的清單。
3. 客觀的審視所用到的「思考」。

就算在層級 1 沒有獲得任何成果，層級 2 和層級 3 也應該有結果出來。

結構簡單的 TEC 可以運用在以下任何一點上：聚焦、設定任務、開展、縮減和推斷。

五分鐘思考

這是個固定的架構，因此執行時也得嚴格遵守時間紀律。時間限制如下：

一分鐘：標的和任務
兩分鐘：擴展和探究
兩分鐘：收縮和推斷

五分鐘似乎很短——真的很短，如果你什麼都要想；然而對專注的思考而言，五分鐘就夠長了。一開始的時候，很多小組在時間結束前就已經想不出東西來。

五分鐘思考可以個人獨自練習或是團體進行。不過小組成員最好不要超過四人，不然每個人參與的時間可能會太少。

如之前提到的，必須嚴格遵守時間紀律。這一點很重要，因為這是唯一的規則，而堅守這個規則也意味著堅持集中焦點。舉例來說，思考者或思考小組往往在第一分鐘結束前就決定好了標的和任務，於是就有種促使你匆匆邁向下個階段的誘惑。這個情況最好避免。嚴格遵守時間紀律的理由在於，要是思考者覺得擴展和探究階段所給的時間不夠用，就會誘使他匆忙結束第一個階段，以便保留點時間給下個階段。結果就是第一個階段簡單過了頭，沒有

好好用心思便草率下結論。所以直到時間終了前，都要專心做第一階段該做的事。

　　一個簡單的五分鐘思考例子說明如下。實際練習時，下列這些想法都是在腦海裡想的，而不是寫在紙上。此範例的議題是「電話」：

標的和任務（一分鐘）

- 新款電話。
- 修正缺失。
- 讓電話增加新功能。
- 新形態的電話服務。
- 專注於一些主要的缺點。
- 或許干擾是其中一個主要的缺點。
- 克服電話干擾的辦法。

　　所以，任務是要找出克服電話干擾的辦法。

擴展和探究（兩分鐘）

- 使用電話答錄機。
- 日本有種電話答錄機可以回應一般的來電，但有密碼的來電可以直接接通電話。
- 有個祕書回應說你在開會。

- 在美國有「語音信箱」系統，這其實是種單向的電話，來電會在你電腦的「信箱」留下訊息。你高興多久清理你的信箱都可以，你可回電在對方的信箱留下訊息。因此電話不再是一種「即時」的系統。

- 幾種特殊的鈴聲，或者更好的是顯示亮光，讓你能分辨來電是否緊急。不過人們自有對策，可以讓來電顯示為緊急對他們來說或許真是如此，對你則不然。或者你寧願親自「看」來電是否緊急？若能在小張紙上列印出來電者是誰及來電目的，或許會有幫助。這可以列印在紙上或是顯示在螢幕上。目前應該已經有這種裝置問世，以方便聽障人士使用。

- 如果是列印的方式，你只要撕下印有來電姓名、號碼和目的的紙條，等方便的時候再回話。用眼睛掃視總比聽錄音帶快。只是如此一來，每個人都得配備鍵盤或是能將語音轉化為文字的裝置。只要一部傳真機就能派上用場。

收縮和推斷（兩分鐘）

- 若能以某種方式得知來電者是誰及其目的，應該會是個不錯的工具。祕書或許可以處理這些事，

不過還是有干擾，也會耗費你與他人不少時間。

- 立即的文字顯示比較好。假如非常忙，你會等到忙完後才看；要是沒那麼忙而電話又很重要，你可能會想立刻接電話。

- 當然，你總是可以要求別人用傳真代替電話。將語音轉化為文字技術上並不難，這樣的裝置已經應用在聽障人士的專用電話上。

- 主要的意外障礙是來電的人需要一個迷你鍵盤。我們怎麼避開這難處？

- 或許來電的人可以利用一般電話上的撥接號碼鍵入特殊代碼。這表示一般尋常的電話都可使用。

結論：一種可以加裝至任何電話上的文字顯示裝置，能夠處理透過數字鍵盤傳輸的電話。

思考概要：發覺問題與解決問題

我們專注於特定的問題上；探索克服它的方法，卻發現那些都不適合；想像一個「理想的解決辦法」，然後考量狀況使它實際可行；構思想法，專注其缺點；找出辦法解決這個缺點。最後的結果就是一個特殊的產品概念，開創了一個新的電話功能。

上述的範例，確實達成了一個明確的結論。在其他案例中可能並非如此。在五分鐘思考結束後，可能只會覺得

這是個困難的議題，或者認為需要設定一個更具體的標的。假如情況如此，那麼可將擴展和探究階段實際用於確認和規畫通往問題所在的「門徑」，或只求界定「問題」，解決辦法則留待另一回合再對付。重點是結果必須明確，不過也有很多替代選項出現。能夠得出某個結果就算不錯了，妄想用五分鐘解決全部問題未免不切實際。

這種練習不該有倉促的感覺。若有這樣的感覺，就是標的定得太廣泛了，以同樣的標的再做一次五分鐘思考也沒什麼不可以。然而我會建議不要立即重複做，因為一旦連續做同樣的議題，你會不自覺傾向將五分鐘思考變為三分鐘思考，破壞了整個練習的宗旨。

符號化 TEC

下圖是用符號的方式表述 TEC。這些符號也可以單獨使用，作為對自己或對他人的指示：「聚焦」、「展開」或「縮減或收縮」。譬如，你可以將它們擺在報告書旁。

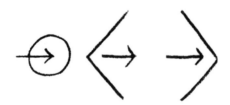

利用 TEC 架構，針對下列議題做五分鐘思考練習。
你可以重新界定每個議題的任務。

1. 讓學校更有趣。

2. 增加就業。

3. 降低竊盜行為。

4. 推廣防污染意識。

5. 結交新朋友。

6. 發明新的派對形式。

工具 17：PISCO，目標—輸入—方案—選擇—操作

PISCO 提供了一個比較完整的架構。有關 TEC 與
PISCO 在《CoRT 思考計畫》（*CoRT Programme*）的第六
部分裡有更詳盡的介紹。

PISCO 的五個字母分別代表：

P 代表 Purpose（目的）。

思考的目的是什麼？期望得到什麼樣的成果？為什麼
要思考？有點類似 TEC 的 T，不過它更強調到底為什麼
要做思考。

I 代表 Input（輸入）。

這是指輸入資訊、經驗，以及全部思考所需的相關因素，在此階段可利用諸如 CAF，C&S，OPV 等工具，以繪製詳盡的圖。有點類似 TEC 的 E。

S 代表 Solutions（方案）。

這是指事情的解決辦法、意見、門路都有多種不同的選項。「方案」暗示著有個問題存在，不過此處它只是要表明將注意力集中在浮現出的選項上。就這個意義來看，S 有縮減的含義，與 TEC 的 C 沒什麼不同。

C 代表 Choice（選擇）。

這是指在上個階段中所形成的選項間做取捨。經過評估和判斷，到最後只有一個選項勝出。第九章中介紹的方法可應用在此階段。

O 代表 Operation（操作）。

這是行動階段，這個階段的重點在於將選定的抉擇付諸行動。要採取什麼樣的步驟？要如何計畫執行？在此時間點上，焦點要擺在構想的實踐。

符號化 PISCO

下圖是用符號的方式來表述 PISCO。

P　I　S　C　O

以下列議題做完整的 PISCO 練習：

1. 清潔街道。

2. 照顧老年人。

3. 為慈善團體募款。

4. 計畫度假。

5. 為一項表演做海報。

6. 成立一個「思考俱樂部」。

串聯 TEC 與 PISCO

這兩個架構可以合併運用。TEC 是較普遍的架構，PISCO 的各階段可以延展，在實際解決問題或考量事情上更適用。各階段並沒有特別的時間限制，但要意識到目前在哪個階段。在 PISCO 過程中的任何時刻，若認為需要更詳細考慮，便可立即運用 TEC 架構思考。

如果只是一般性目標和思考技能的練習，利用 TEC 架構就已足夠，不需動用到更詳盡複雜的 PISCO 架構。

練習多了，思考才會迷人

游泳不能在遇上溺水時才學，也不是為了避免溺水而學。游泳的確含有這樣的目的，不過我們也為了享樂而學習游泳。思考正是如此，我們可以培養我們的思考技能，一旦情況需要，我們便能有自信和流暢的運用。我們也可以單純只因為享受思考事物而練習。滑雪的人滑雪是因為他們享受滑雪，而不僅只是發展出在雪地行進的方法，鍛鍊滑雪技能本身就是一項樂趣。思考也有相同的情況，不過就如同滑雪一樣，它也可能會有滯礙期，期間似乎沒多少改變，而且也幾乎沒進展。在思考程序中，這個階段的思考仍然附著於自我，思考者想證明自己是對的，而且打算在每次的思考研習課程中解決全世界的問題。

不是賞鳥的人，很難了解賞鳥的人在幹什麼。似乎任

何時候，總有些鳥兒跳躍林間。在模式浮現前，你總得累積一些對該領域的理解，正是在此時刻，議題變得令人著迷。思考是值得的，但只有在做過一些練習和觀察後，它才會變得迷人。

思考俱樂部

有幾所學校已經採用 CoRT 思考課程（參見〈附錄〉）教導學生思考。為了能讓已經離開校園或學校沒教授此課程的人，也能練習一般的思考技能，我建議成立「思考俱樂部」，讓一小組人能夠聚在一起針對特定議題練習思考，並且以審慎、專注的態度鍛鍊思考技能。

在本書的最後面，我會說明如何建立和運作這樣一個思考俱樂部。

讓思考技能成為第二天性

在這一章中，我之前闡釋的重點是在特定的時間、特定的情況下審慎地運用思考。思考的另一個層面，是某些習慣、態度和策略成了「第二天性」。在審慎刻意的一面，一個人可能會坐下來一絲不苟地做起五分鐘思考；而在「第二天性」方面，思考技能可能隨時自動運作，不分時刻且無須刻意努力。說穿了，我們兩者都需要：讓一般的思考技能成為第二天性，也能針對一事件正規而專注地

思考。然而這裡必須說的是，正規有條理的階段是基本不可少的，之後才能發展出「第二天性」的階段。

為了把一般的思考技能培養成第二天性，在某些階段有條理又審慎的實行一些程序是免不了的歷程，否則這些「執行概念」不會成為思考的一部分。少了這樣有條不紊的練習，我們又會回到善意的老念頭：「我是個聰明人，而且自認為是個會動腦筋的人──對此我沒有什麼需要再多做的。更何況我自認心胸開放，願意傾聽別人的意見。」這些含糊的意念，會使人永遠無法發展出最佳的思考技能。

15 個養成思考的好習慣

有些習慣或許終能成為一個人一般思考技能裡的一部分，這類習慣應該包括：

1. 了解知覺的重要性，以及知覺作為模式化和模式應用系統的本質。
2. 不僅是在有明確需求的時候，即使在看不出有其他選擇時，也應有搜尋替代選項的本能傾向。
3. 思考時容不下傲慢。
4. 不喜歡負面思考，偏好 Exlectics 勝過辯證法。鄙視負面思考，因為那只是一種輕鬆又不費力的思

考形式。

5. 願意傾聽別人的想法。習慣做 OPV 練習和檢驗邏輯泡泡。

6. 在有爭議的情況下，習慣同時做 EBS 和 ADI 練習，有能力釐清價值。

7. 對情緒、感情和價值在思考上的重要性有整體的理解，不過在最後由情緒主宰之前，會先盡力做些知覺思考（perceptual）。

8. 在做成決定之前先廣泛的檢視整體情勢。這可能得包括做些 PMI、CAF 和 C&S 之類的練習。

9. 做決斷的能力。

10. 設定目標和次目標，以及謀劃行動方案的能力。

11. 有能力運用各種構想以促成「行動價值」，並且建立和運用審慎的激發手段。

12. 理解水平思考且願意改變知覺，即使這個嘗試並不成功。需要一些想法時，有勇氣利用諸如隨機文字刺激法之類的技巧。

13. 轉換至有條理、專注思考的能力。

14. 偏好有效能，欣賞「操作力」。

15. 明確把思考當作一種技能來欣賞，並且自我定位為一個「思考者」。

按部就班最有效

本書中所提出的工具和方法，在每次用到時都要一絲不苟地確實執行嗎——或者需要讓它們成為「第二天性」？

多年來的實務顯示，這些工具以審慎、按部就班且確實的態度運用時最能發揮效用。這種結果並不令人意外，如果你審慎、謹守規則的運用數學正規步驟，自然能得出結果。

所以當你要考慮某件事時，不管是自己一個人或是小組行事，都應該以按部就班而且審慎的態度來運用思考工具。

不過，偶爾會遇上時間匆促、無法以正規方式運用思考工具的時刻。在這種情況下，你可以不拘形式地運用思考工具舉例來說，以按部就班的方式審慎而刻意練習PMI工具，能使人更容易抱持周全、不偏頗的態度看待局勢，即使遇上事情時並沒有真正明確用到 PMI。

然而，按部就班並非通往自然而然且不拘形式運用思考工具的過度階段。**按部就班的方式，永遠都應該視為最有效的運用工具方式。**

許多很有創造力的人都運用過水平思考工具，他們告訴我，當他們按部就班且審慎地運用思考工具時，得出的想法遠比其他時候更棒。這也是我自己的經驗。

12 課堂總整理

本書的內容，是根據我多年來以務實的態度針對不同年紀、能力和文化的人教授思考的經驗累積而成。如果只是坐在角落裡分析思考應該是什麼樣子，然後就打算將這個分析作為教導思考的方法，未免太容易了，這將會事實上已經對實際的思考教學造成極大的傷害。

思考教學的一個層面，是必須去除某些錯誤的觀念，以及破除某些特定的習慣。例如，我們真的必須停止將思考看作只是「在運用智力」，我們有必要視思考為一種人人都能培養的技能。我們確實需要有「智力陷阱」的意識，也確實有必要鼓勵「我是一個思考者」的自我形象。

我們也必須體認逆向潮流：對抗、批判和辯證法所主導的西方思考習慣。我們必須將負面思考放在該有的位置上，作為整體思考的一部分，但將創造性、建設性和計畫

性思考擺在負面思考之前。

我們必須改變對於思考和行動的觀念。為了促成改變，我們需要像「操作力」這樣的概念，營造具行動力的思考。我們必須對有效性有正確的評價，讓思考不致淪為智力遊戲。

我們得了解知覺在思考中扮演的重要角色。我們必須理解知覺如何以自我組織模式系統的方式運作，以及後續種種，舉例來說，水平思考就理所當然緊接而來。

我們必須將情緒、情感和價值觀放在適合它們的位置上。最終它們會是思考中最重要的部分，只不過它們是在結尾時才派上用場，而不是一開始就發揮影響力。

我們必須了解審慎而循規蹈矩的進行思考——而不是隨便想想——所能發揮的實際價值。到最後我們可能寧願讓習慣、態度和策略成為我們的第二天性，然而，這種情況不會只因為我們的期盼就發生，審慎而按部就班的階段是必經歷程。

本書中有相當篇幅在說明這類的理解、正確評價、正確處置事情、去除錯誤的概念和嘗試激發對思考的深刻理解，有些案例或許顯得誇張且太過嚴厲，但我在這方面的經驗告訴我這是必需的。思考的最大敵人就是「我的思考反正已經夠好了，不必再做什麼了」這樣的意識，我並不認可這種觀點。我認為我們在科技事物上做得很好，其他

方面卻十分彆腳。我深信假如我們對自己的思考技巧少點自滿，也不那麼依賴那些使用陳舊說法的人來思考，我們的進展會更快速。

有時候我會碰上一些情況，逼得我必須發明新的詞彙，以凝聚焦點在特定的概念上。舉例來說，許多年以前我必須創造「水平思考」這詞彙，讓人們能夠將注意力集中在這塊與創造力部分重疊、卻又有相當差異的領域。「po」這個字也是在類似的情況下創造出來的，它直接肇因於模式系統的邏輯。在這本書中我倡導了其他概念，譬如（一個概念的）「行動價值」Exlectics（有別於辯證法）、「邏輯泡泡」（以直接方式陳述知覺總合及使他人在其間能邏輯行事的結構）、「操作力」（有別於敘述形式的思考）。我所提出的這些概念，都是非常重要且必需的。我認為它們應當成為平常用語的一部分，因為如果缺乏新詞彙，我們將無法「守住」新概念。假使我們使用舊的詞彙，它們就會又溜回舊概念中。

接下來還有描述性的片語像是「智力陷阱」、「村莊維納斯效應」、「射擊式問題和釣魚式問題」、「縝密的閱讀」、「決策前框架和後框架」，這些只有描述或溝通的價值，它們要是方便使用或許可以沿用下去，若非必要也許會消失，只要能發揮溝通概念的功能就夠了。

最後我們講到特殊的工具「注意力導向的工具」。想

了解這些工具背後完整宗旨的人，可參考我的著作《思考學習》（*Teaching*）。我很清楚這一大堆縮寫名詞例如 PMI、CAF、C&S、AGO、OPV、HV 和 LV 看起來很不自然又沒必要。的確，我最初在 CoRT 思考課程中引介這些縮寫名詞時，教師們抱怨的正是這一點。不過這是在課堂實際運用之前，有了一些教學經驗後，教師都回過頭來找我要求更多類似的「速記手法」。他們發現，在實務上用以指引個人或他人的思考時，這種奇特又簡單的指示確實有必要。不管我們喜不喜歡，「做 PMI 練習」的指令要比規勸人們考慮事情的正反面強而有力得多。這並不令人意外，因為這就是模式系統運作的方式。

經過刻意地練習這些工具（PMI 等等），思考者到後來會覺得有進步、能掌控這些特殊工具。接下來的步驟是進入他的整體概念，一種「執行概念」換句話說，他是學習行動概念而非只是敘述概念。

多年來我承受了無數抨擊，指責我晦澀的術語和矯揉造作。這些抨擊的人都沒有實際教導思考的經驗，他們緊咬住這一點，而不討論基本的概念。實用性終究會得勝。教導數千名成年人和青少年如何思考的經驗，證實這些「注意力竅門」的效用。事實上，我自己並不喜歡術語，這也是為什麼我會避免使用心理學術語，因為我並不是要寫給心理學家看的。

有些人會覺得，如果他們密切注意自己的思考，就會變得不自在，好比蜈蚣忽然想起到底哪隻腳應該先走，之後就變得再也無法行動。這點確實有道理，有些精心策畫的思考是會有這樣的作用，然而讀者會注意到，本書提到的工具不過是「注意力引導」工具。沒有那些精心制定、令人困惑的策畫，要從哪一步接到哪一步。你就像平常一樣的思考，但可以在不同的時間、以任何次序插入 PMI 或 OPV 之類的注意力指示，好讓你能想得更清楚。就算你內容全都忘了，只記得一項工具（譬如 PMI），還是有些收穫。在一些精心設計的策畫中，如果你忘了部分的內容，不僅會感到困惑而且會不知所措。

你真的得遵從書中建議的──以審慎的態度來練習思考嗎？答案是：沒錯。你在閱讀本書時會產生洞悉、理解和體認，這將有助於改善你的思考。舉例來說，你對負面思考的態度或許會轉變，但還有其他方面確實需要刻意而審慎的練習，例如，每個人大致上都會考慮到別人──但是審慎做 OPV 練習會得到非常不同的結果。你想看多少有關烹飪、高爾夫或開車的報章書籍都可以，但最後只有動手練習才算數。

那些一向認為自己的思考總是出類拔萃的人，或許會一直持續下去並且認定本書沒用處。祝他們好運。我一直記得我的第一本有關水平思考的書出版時的情形，我收到

一些全球最具創造力的人寫來的信，告訴我他們認為該書對他們大有益處。

我要以我的經驗總結做結尾：當你看到年輕人承諾要思考時，你就看見了願景。

結語

成立一個思考俱樂部

　　打網球有網球場，打高爾球有高爾球場，滑雪有滑雪道。如果思考真是一種技能，我們要去哪兒練習？猜謎、填字遊戲、偵探故事和棋盤遊戲都只占了思考的微小部分，許多好的思考者享受思考的樂趣，卻不喜歡解謎或玩遊戲。他們偏愛思索那些廣泛和有實效，以及與智慧有關而不僅是聰明機智的議題。遇上要做重大決定時，我們就不得不用思考──例如買房子或是換工作。等到快溺水了才學游泳是沒什麼用的，碰上了才被迫思考，不但無法有練習機會，也不會有任何樂趣可言；思考變得像藥物：只有麻煩上身才用得到。

　　思考俱樂部是練習和享受思考技能的一個場所，在這裡，沒有正確答案需回答，也沒有考試。思考俱樂部是為那些要享受思考、想鍛鍊思考技能的人而成立的。思考與其他技能或嗜好並無不同：想從中得到樂趣，你就必須付出一些努力。沿著馬路走並不會使你的網球打得更好或滑

雪滑得更好，你必須在專門的場地刻意練習。

資格：有興趣，肯努力

要成立或參加一個思考俱樂部只需符合一項資格，那就是「動機」。你必須對思考有興趣，而且願意為它付出心力。

外面有許多組織機構不是你想進去就能進去，除非你達到某個地位或有證照或 IQ 水準夠高。但是思考俱樂部完全不是這麼一回事，任何人只要有足夠的動機都能參加。事實上這反而更難，因為由衷的動機很少見。

許多人表示對思考有興趣，但是並不準備為它付出太多，動機可用兩種非常實際的方法測試。

第一種方法是此項興趣的「金錢價值」。你願意為每星期這樣的活動，花費一根香菸的錢嗎？那麼一包香菸的錢呢？一頓在外面用餐的錢或一晚的娛樂費用？任何人都可以用這種方法測試動機。

第二種測試動機方法，是評估此項興趣的「優先價值」。這項興趣比其他事情更優先嗎？你會把定期參加思考俱樂部的聚會視為必要嗎？或者只有在晚上沒其他事情可做時才會去？在此你可以輕易看出，雖然動機是對每個人都開放的資格，卻不容易達到。

思考俱樂部的宗旨，是提供一段時間與一個場地讓人

享受和練習思考。場合及例行程序是其主要優勢,每個人都知道他們來這裡做什麼,否則他們不會出現。

思考的類型

思考俱樂部中所採用的思考類型,十分類似我在本書中所概述的。它具有下列幾個特徵:

- 它關切的是智慧,而聰明機智只是細微末節。風格在於堅實的常識,而非智力上的鑽牛角尖。
- 有效性是個重要的觀點,而這是「運作力」的概念帶來的結果。它涉及了把事情做好所需的思考,正好是無效思考的反面。
- 這絕對不是那種用來證明「你對而別人錯」的思考類型。思考俱樂部不是一個用來爭論、偏袒和辯護你觀點的場合,而是一個可以公開探索議題和誠實評估的所在。思考俱樂部適合那些想以探究方式運用思考的人——而不是那些想找個地方炫耀他們的想法多正確,或他們有多聰明的人。這一點,我有必要不時地提醒大家。
- 重點在於知覺——我們如何看待事物,這與以數學方式繁雜的演算或其他的程序無關。
- 思考應該是中立且客觀的。思考俱樂部不是用來

宣揚政治或宗教觀點的場所。

● 思考應該是正面而有建設性的。負面思考在思考中有其功用，不過是排在正面而有建設性的思考之後。在思考俱樂部中，凸顯別人愚蠢，並不會像在其他地方一樣讓人獲得高評價。

● 幽默應該扮演重要角色。沒有理由認定思考一定得嚴肅又正經八百，就算是在討論嚴肅的議題，思考也沒有必要顯得一副沉重的樣子。

● 清晰又簡單很重要。為複雜而複雜應該受到嚴厲譴責。

● 傲慢是最大的罪過。

● 最重要的是，思考俱樂部的存在是為了鍛鍊和享受思考的技能。這意味著客觀考量該技能，並且超脫自我。

整體而言有兩種思考類型。第一種是思索某個議題這樣的思考本身；第二種是思考我們如何考量議題（價值觀、偏好、膠著、想不出意見等等）。能夠考量個人思考的能力，就跟打高爾夫球的人或滑雪的人思索他們的表現以改進其技巧的能力沒有兩樣。

活動：發展三階段

　　思考俱樂部的宗旨是：提供一段時間、一個場地和流程架構，讓人享受、練習、發展和專心於思考技能。其中包括三個階段：

1. 學習基本的思考技能。
2. 練習這些技能。
3. 應用這些技能。

　　一開始，俱樂部的大部分活動都集中在學習基本技能，目的是為了讓會員能夠審慎而流暢地運用。以為只要將一個議題仔細考量和討論過後便能學會思考，那是錯誤的想法。將注意力直接對準這樣的技能是必要的；之後，等技能鍛鍊好，就能以實際方式將思考應用到具體的問題和任務上，也許是流行的爭論點、個人問題、事業的規畫或許多其他活動。特定的書籍、文章或電視節目，或許可以成為大家鎖定思考的議題，成員也可以將個人問題或工作上的問題貢獻出來，供大家一起討論。

　　思考可能會導向策畫並且實踐一項特定任務（請謹記在心：思考俱樂部所運用的思考類型中，「有效性」是非常重要的一部分）。所有這些都屬於較晚的階段，太早進入這些內容並不對。

形式和紀律

我把思考俱樂部的形式和紀律評價得這麼高，你知道後或許會覺得震驚，因為我一向贊成隨意漫遊、探究性的思考和掙脫僵固的路線。在許多情況下，我也許會迴避例行公事和固定的結構；這裡正好相反：既然沒有正確的答案也沒有固定的見解，就必須有十分嚴格的流程紀律，否則便流於隨處漂泊、胡扯和混亂。就像訓練跳芭蕾舞或運動，紀律發揮的效益使得訓練能有效進行。如果思考是一種要以專注和審慎態度從事的技能，那麼我們必須能夠隨意地引導。正因為有嚴格的流程紀律，才使得思考內容有自由探索的空間。

時間紀律很重要。假如聚會的時間是一小時，那麼一小時後就該結束。如果思考一個問題的時間是三分鐘，那麼時間一到，就應該有鈴聲響起並結束思考。就像我在本書其他地方提過的，這種時間紀律實際上很有益處，它意味著你可以專注在一個議題上，也意味著思考的進行有時間限制——不是持續到問題解決。

紀律和儀式、程序是取代熱忱的理想替代物，任何修道院都深知這一點。熱忱來來去去，完全視當下的心情而定。在最初的熱忱消退之際，紀律會迫使事情持續進行，直到另一種不同的熱忱取而代之。再者，正規的紀律意味著能將思考導向議題，而不是儀式、程序本身。

我希望我對這一點的強調夠令人印象深刻。長期的經驗顯示，在發展思考技能上這點極為重要，少了它，我不認為思考俱樂部還能順利運作。舉例來說，聚會的時間就必須在事前正式敲定（譬如每個月的第一和第三個星期一），不然到時候找不出大家都方便的時間，而承諾參與的感覺也會消失。

組織

組織包含許多方面：人、聚會場所、時間選擇、議程、通訊軟體等等。

人

思考俱樂部要由正好六個人組成，這些人是會員。另外會有少數的準會員，他們會來參加聚會，但還不是正式的會員。萬一有個正式會員因故無法參加定期的聚會，可由一個準會員取代（正式會員至少應該參加四分之三以上的聚會）。一旦準會員人數夠多，即可另外成立一個六人組的思考俱樂部。有可能會發生臨時的過度狀態，例如，俱樂部剛開始成立時人數不足六人。選擇六這個數字是因為這規模最適合用來練習思考技能，六人可以組成一組或分成兩組。

籌辦者和主席：籌辦者要擔負起聚會的全部責任，並

且表現得像主席一樣。他有責任監督聚會進行，掌控會議期間發生的大小事情。籌辦者應由有效率又幹練的人擔任，此外他還得擅長與人打交道。有魅力但卻缺乏能力的人不太適合這角色。籌辦者可以委任下列的角色：計時員、記錄員和聯絡員。俱樂部的籌辦者應該從一而終，直到俱樂部解散，最好不要換人。假如有其他正式會員真的很想擔任籌辦者，也顯示有足夠的能力，那麼要至少任滿六個月後才輪換籌辦者；不過，那些沒意願或沒能力的正式會員不該列入輪換名單中。一定要有一位候補的籌辦者，以防萬一籌辦者生病或是無法出席聚會的情況。

計時員：這是一個重要的角色，因為計時員必須精準又堅決。會議必須準時開始、準時結束，即使那意味著必須打斷有趣的討論。計時員也得控制每個練習細項的時間。許多電子表都具有碼表功能，如果計時馬馬虎虎，沒多久整個程序也會變得散漫，失去焦點。

記錄員：記錄員的任務是要為每次會議做摘要報告，列入會議日誌中。要摘錄得簡潔又掌握住說話內容的精髓，需要很高的技巧。整個摘要記錄應該控制在三百～五百字。

聯絡員：任務是提醒會員下次聚會的時間，確認若有人不能參加會提早通知。

聚會地點

理想的聚會場所是家裡。酒吧缺少必要的正規形式。聚會場所應該都選在同一個地點，聚會時間也最好固定。輪換聚會場所並不是個好主意，然而還是要有個候補場地，以防偶爾主場地不方便使用。

頻率

最佳頻率是兩星期一次，每星期一次太過頻繁，每個月一次又拖太久。日期要事先訂好，而且是可預期的（譬如每個月的第一和第三個星期一）。試圖調整出對每個人都方便的時間是不可能的。假期期間需要再做考量。

持續時間

前四次聚會的時間都不要超過一小時，接下來的四次則拉長至一個半小時，之後時間可以延長為兩小時。即使會員想再逗留社交一下，規定的時間一到，思考聚會仍應結束。如果這樣的社交活動氣氛不錯，常會誘使人們繼續進行思考和討論。這種情形不對，應該避免，因為它將重新從練習思考技能轉向「尋找解答」，因而改變了聚會的性質。

會議日誌

　　每個思考俱樂部都應該做會議日誌，記錄每一次的會議。項目包括時間、地點和出席的人，以及議程和思考內容的摘要。

內容

　　為了讓大家對思考都有一些最基本的共識，我們假定所有思考俱樂部的會員都閱讀過本書。如此大家討論起書中提到的不同程序時，可以不必從頭再解釋一遍。

　　以下的範例，是兩個試驗性會議的議程。

　　關於會議內容，有兩件事很重要：其一，在一開始就應該直截了當強調，重點只在於練習和發展基本的思考技能。起先大家都太衝動，想做得更多，這情況通常會導致爭議性的討論和失焦，因而破壞了會議的形態。第二，有必要一直維持嚴肅議題和有趣議題之間的平衡。人們常傾向於認定思考是「嚴肅」和「沉重」的，不過這也是個誤會。不相干或有趣議題所獲得的練習效果，遠勝於嚴肅的議題，因為碰上嚴肅議題時，人們就會脫口說出他們的成見和刻板印象，而把思考晾在一旁。開始時，要先用別的議題來累積對思考的信心。嚴肅議題和有趣議題間的比例至少要維持在 1：1，最好是 1：3（至少在剛開始時）。

試驗會議 1

這個會議的簡單議程如下：

1. **議題：**籌辦者解釋會議的議題焦點為 PMI 技巧。
   他提醒會員 PMI 的性質，要考量正面，再來是負
   面，最後則是有趣面。時間二～三分鐘。

2. **第一個練習：**六個人一組。兩分鐘討論正面，兩
   分鐘討論負面，兩分鐘討論有趣面。計時員精確
   計時。

   議題：「每個人都應該戴徽章以顯示他的心
   情。」

   時間：六分鐘。（注意，一組人全體一起合作
   時，不需要回饋時間。）

3. **第二個練習：**分成三人一組，共兩組。兩個小組
   要隔開一點距離以便分開討論。兩組各做 PMI 練
   習，每個方面各兩分鐘。計時員為兩組精確計
   時，指示他們進入下一步的時間。六分鐘結束之
   後兩組人集合，報告各自的結果。這是「回饋」
   的部分。兩組都應該有人做簡單的記錄。

   議題：「除了正常的眼睛外，腦袋後面若也長眼
   睛一定會很有用。」

   活動時間：六分鐘；回饋時間：四分鐘；總計：
   十分鐘。

4. **第三個練習**：規定每個人都只做一部分（P 或 M 或 I），個別想兩分鐘。

   議題：「不再讓看門狗吠叫，而是訓練牠們安靜地去按防盜警報器按鈕。」

   兩分鐘結束後小組人員再次集合，每個人輪流報告心得。

   活動時間：兩分鐘；回饋時間：四分鐘。

5. **第四個練習**：三人一組的兩小組各自進行整個 PMI 程序。每段各兩分鐘，計時員提示時間。

   六分鐘結束後，小組集合做報告並比較他們的想法。

   議題：「青少年在休、退學時得花一年時間從事『國家服務』，其內容涵蓋社會服務、醫院工作、教學等等。」

   活動時間：六分鐘；回饋時間：五分鐘；總計：十一分鐘。

6. **討論時段**：討論內容涵蓋了以下列出的這幾點：

   做 PMI 練習的價值。

   什麼時候做 PMI 練習最有用？

   做 PMI 練習的危險。

   剛開始時，PMI 的形式會不會讓人覺得奇怪？

剛開始時，嚴格、短暫、時限會不會讓人覺得困難？

在 PMI 練習中「有趣面」部分所遇上的困難。討論的論點也可以取材自本書中相關的章節。總共時間：十分鐘。

7. **第五個練習：**全部會員一起討論。每段時間兩分鐘，照例由計時員監控時間。

   議題：「選舉投票時，每個人有兩票，其中一張是負面選票，用來抵銷你不喜歡候選人的票數

   時間：六分鐘。

8. **練習項目：**每個人花三分鐘寫下「練習項目」，這在未來運用思考技能時會用得上。那些項目應該同時包括「嚴肅」和「有趣」的類型。每個人報告他所想出的項目，記錄員一一記下，作為日後議題的儲備。

   活動時間：三分鐘；回饋時間：四分鐘；總計：七分鐘。

9. **會議尾聲：**提醒下次會議的注意事項，而下次要討論的思考技能是 APC。會員要記得事先閱讀本書的相關章節

   時間：一分鐘。

總共時間：六十分鐘。 全部時間共六十分鐘，應該嚴守。必要時每個階段的活動時間可以縮減（甚至練習項目的時間可以縮短到一分鐘）。用來發想新練習項目的會議，時間可以縮減，必要時甚至可以取消。真正重要的是整個會議時間必須嚴守，否則會延長成無意義的閒聊空談。

會議結束後，思考俱樂部的會員或許想逗留社交一下，不過持續的思考練習或相關的討論都要避免。日後每次會議會延長為兩小時，但是一開始就用上兩小時實在太長了。

試驗會議 2

這個會議的簡單議程如下：

1. **議題：** 籌辦者解釋會議的議題焦點為 APC 技巧，分別代表替代選項、可能性和選擇。著重點在於設想替代選項不同的看待事情方式，不同的做事方法。說明時間二～三分鐘。

2. **第一個練習：** 每個人各自針對下列「議題」的題目設想各種可能的解釋。時間限制兩分鐘。兩分鐘結束後全體集合，比較他們的解釋。

   議題：「一天清晨，有人看見一位婦女在花園裡掩埋三隻紅色短襪，每隻襪子都埋在不同的洞

裡。對此可能有什麼不同的解釋？」

活動時間：兩分鐘；回饋時間：四分鐘；總計：
六分鐘。

3. **第二個練習：**分成三人一組，共兩組。各組針對
下列作業討論三分鐘，盡可能設想出最多方法。
時間到後兩組人集合，比較他們的紀錄。

議題：「尋找各種方法以測量一個人二十四小時
中所喝下的液體總量。」

活動時間：三分鐘；回饋時間：四分鐘；總計：
七分鐘。

4. **第三個練習：**全部會員坐在一起。籌辦者繞圈，
輪流問每個會員所想到的方法。假如有哪個會員
想不出新方法便跳過，輪到下一位。當有連續三
個人都沒新方法而跳過時就不再按順序，讓有想
到方法的人自由提出。

議題：「尋求各種節省能源的方法，不管是在家
庭裡或是整個大環境的，這裡所指的能源是那種
要付費的。

時間限制：最多八分鐘；之後終止。

5. **第四個練習：**三人一組，兩小組針對下列情況各
自討論，並提出可能的行動方案。三分鐘結束
後，小組集合比較他們的方案。

議題：「有個父親發現他十八歲的兒子為了償債，私自開走家裡的汽車去變賣。他說出了買車的人是誰。這位父親能採取哪些行動？」

活動時間：三分鐘；回饋時間：四分鐘；總計：七分鐘。

6. **討論時段：**討論內容涵蓋本書相關章節提及的論點，以及下列問題：

我們什麼時候要尋找替代選項，什麼時候不用？

不斷尋找替代選項的危險性在哪？

為什麼有時候很難找到替代選項？

所有的替代選項都應該列出來嗎？即使是那些很不可行的？

替代選項的搜索範圍要多廣？都在同個方向找，或在不同方向各找一個？

總共時間：十分鐘準時結束。

7. **第五個練習：**全部會員一起討論。先給每個人兩分鐘時間思考，然後籌辦者繞圈，輪流要每一位會員對下面議題裡的每個項目提出一個替代物。該替代物必須發揮相同的功能。

議題：「有什麼能發揮跟梯子、杯子、狗、鑰

匙、窗戶相同的功能？

個人思考時間：兩分鐘；回饋時間：四分鐘；總
計：六分鐘。

8. **第六個練習：**全部會員一起討論下列問題的各種
因應方法，這些因應方法稍後會畫分為幾大類。

議題：「因應街頭犯罪增加的各種可能方法」。
要注意的是，因應方法不代表就是尋求解決問題
的辦法，還包括著手處理或仔細考慮問題的方
法。

時間：七分鐘。

9. **練習項目：**每個人花兩分鐘設想「練習項目」，
以後在練習 APC 思考技能的類似時段上，這些即
可派上用場。練習項目應該同時包括「嚴肅」和
「有趣」的類型，在經過討論後，由記錄員記錄
下來作為儲備。

思考時間：兩分鐘；回饋時間：兩分鐘。

10. **會議尾聲：**提醒下次聚會的時間和議題。

還是一樣，全部會議時間應該謹守，甚至縮減每
個階段的時間。特定的回饋時間不該延長。如果
時間不夠，會議末尾的發想新練習項目可省略。

必須避免的事項

經驗顯示，下列事情很容易傷害思考俱樂部事在開始時看來都很不錯。

- 缺少時間紀律，某項討論變得「有趣」後就放任其延長。

- 練習某個思考技能的當下失去焦點，結果是泛泛的討論和空談。

- 自我形態的爭論、想證明一個論點、證明自己是對的、證明對方是錯的。

- 處理太多嚴肅或「沉重」的議題，陷入陳規的泥淖中和炫耀事實。

- 看不出練習「有趣」項目這樣的簡單程序可累積出堅實的技能。

- 野心太大、太急於將養成中的思考技能應用到「真實事件」或解決會員的個人問題上。這終將會成為思考俱樂部的目標，只不過是在一段時間之後。

- 籠統馬虎，覺得流程儀式不需斤斤計較。

- 深陷議題之中，無法視為練習。

- 不願思索涉及其中的「思考」，也不願只考慮議題。

- 軟弱的籌辦者，或者試圖輪換職責、導致出現軟

弱的籌辦者。

● 缺乏幽默感。

● 政治或宗教成見。

　　所有這些事情，都可以藉由將注意力確實專注於焦點、流程和時間紀律上，空談、自我和驕傲都是會議大敵。動機非常重要，假如有個會員沒有足夠的動機來參加聚會，請將他排除在外。

找尋恰當的會員

　　會員從哪兒來？讀過本書的人，可以邀請朋友一起吃個飯或喝杯酒討論這個構想。讓其他人先看過書或至少先看這篇有關思考俱樂部的章節。在圖書館或工作的地方張貼公告，讓有興趣的人和你聯絡。在地方報紙上刊登啟事，讓住在附近的人跟你聯絡。一個團體中的成員有可能想另外成立自己的團體，在這種情況下，可以邀請這些成員到現有的俱樂部聚會作客。

　　與人談論我的書，以及成立思考俱樂部的想法。討論是否應該在學校教導思考，至於那些已經離開學校的人，思考俱樂部是發揮此功能的一個可行辦法。

　　一家人可以自己組成一個思考俱樂部，或者找鄰近的家庭合組一個，也可以為鄰近的孩童籌組一個。

思考俱樂部確實給了人們一個名正言順的理由定期聚會，不必像其他時候為了相同目的得花費一些娛樂費用。然而身為一個新手，或許值得邀請幾位適合的朋友來參加聚會，花一個小時進行本章節中示範的試驗會議。如果整個會議基調都維持明確而專注於目標，不讓人有威脅感或無聊感，那麼大部分的人都會享受這樣的用腦方式。人們喜歡有個組織架構可以利用來跟別人見面聊聊。

　　很多人都已經成立了自己的思考俱樂部。最近我在舊金山遇到一位讀者，他的俱樂部會員人數已達八十人。當你舉辦過六次成功的思考俱樂部會議後，歡迎和我聯絡。

附錄

愛德華・狄波諾的著作

● *The Use of Lateral Thinking,* Cape, 1967 o.p.; Penguin Books, 1971. Published as *New Think: The Use of Lateral Thinking in the Generation of New Ideas,* New York: Basic Books, 1968.

● *The Five Day Course in Thinking,* Penguin Books, 1968.

● *The Mechanism of Mind,* Jonathan Cape, London, 1969; Penguin Books, 1976.

Lateral Thinking: A Textbook of Creativity, Ward Lock, 1970 o.p.; Penguin Books, 1977. Also published as *Lateral Thinking: Creativity Step by Step,* New York: Harper, 1973.

● *Lateral Thinking for Management,* McGraw-Hill, 1971; Penguin Books, 1982; New York: American Management Association, 1971.

Practical Thinking: Four Ways to Be Right, Five Ways to Be Wrong, Five Ways to Understand, Jonathan Cape, 1971 o.p.; Penguin Books, 1976.

Po: Beyond Yes and Now, Penguin Books, 1973. Also published as *Po: A Device for Successful Thinking,* New York: Simon and Schuster, 1972 o.p.

Think Tank, Think Tank Corporation, Canada, 1973.

Eureka! An Illustrated History of Inventions from the Wheel to the Computer Thames and Hudson, 1974 o.p.; paperback 1979; New York: Holt, 1974 o.p; Harper, Row and Winston, 1979.

• *Teaching Thinking,* M. Temple Smith, 1976 o.p.; Penguin Books, 1979; New York: Transatlantic, 1977.

Word Power: An Illustrated Dictionary of Vital Words, Pierrot Publishing, 1977 o.p.; Penguin Books, 1979 o.p.; New York: Harper and Row, 1977.

The Happiness Purpose, M. Temple Smith, 1977; Penguin Books, 1979.

• *Opportunities: A Handbook of Business Opportunity Search,* Associated Business Programmes, 1978 o.p.; Penguin Books, 1980.

Future Positive, M. Temple Smith, 1979; New York: Transatlantic, 1980.

Atlas of Management Thinking, M. Temple Smith, 1982; Penguin, 1983. 220

• *I Am Right You Are Wrong* Viking, London and New York, 1991; Penguin Books, 1992.

Handbook for the Positive Revolution, Viking, London and New York, 1992; Penguin Books, 1992.

Teach Your Child How to Think, Viking, London and New York, 1993; Penguin Books, 1993.

Water Logic Viking, London, 1993.

• *Parallel Thinking* Viking, London, 1994; Penguin Books, 1995.

• *Serious Creativity,* Harper Business, New York, 1991 and Harper, London, 1992; Profile, 1995.

Sur/petition: Going Beyond Competition, Harper Business, New York 1992 and HarperCollins, London 1995; Profile, London, 1995.

Tactics: The Art and Science of Success, Little Brown and Co., New York, 1984; Profile, London, 1995.

De Bono's Mind Pack, Dorling Kindersley, New York and London, 1995.

Teach Yourself to Think, Viking, London 1995; Penguin Books, London, 1996.

Textbook of Wisdom, Viking, London and New York 1996; Penguin Books, London, 1997.

How to Be More Interesting, Viking, London 1997; Penguin Books, London, 1998.

Super Mind Pack, Dorling Kindersley, New York and London, 1998.

Simplicity, Penguin Books, London, 1999.

New Thinking for the New Millennium, Viking, London, 1999; Penguin Books, London, 2000.

Six Thinking Hats （revised edition）, Penguin Books, London, 2000.

How You Can Be More Interesting, New Millennium Press, Beverley Hills, 2000.

The De Bono Code Book, Viking, London 2000; Penguin Books, London, 2001.

How To Have A Beautiful Mind, Vermilion, London, 2004.

● These books are referred to in the text.

思考課程

CoRT Thinking Lessons for Schools, 60 lessons divided into 6 sets of 10 lessons. For information on publication in different countries please contact: Perfection Learning, 10520 New York Avenue, Des Moines, Iowa 50822; telephone （515） 278 0133, fax （515） 278 2245.

Thinking in Action management course with videotape and handbooks, BBC Enterprises, Woodlands, 80 Wood Lane, London W12 OTT. For certified training in Lateral Thinking and the Six Hats method, please contact APTT at the address given for CORT lessons above.

更多狄波諾博士的資訊

UK: Mrs. Hills, 135 Holland Park Avenue, London W11 4UT; Fax （020）7602 1779.

Canada: Diana McQuaig, 132 Rochester Avenue, Toronto, Ontario M4N 1P1, Canada, telephone （416）488 0008; fax （416）488 4544.

狄波諾思考力實踐手冊

作者	愛德華‧狄波諾（Edward De Bono）
譯者	吳春諭
商周集團執行長	郭奕伶

商業周刊出版部
總監	林　雲
責任編輯	盧珮如
封面設計	賴維明
內文排版	黃齡儀
出版發行	城邦文化事業股份有限公司 商業周刊
地址	104 台北市中山區民生東路二段 141 號 4 樓
	電話：（02）2505-6789　傳真：（02）2503-6399
讀者服務專線	（02）2510-8888
商周集團網站服務信箱	mailbox@bwnet.com.tw
劃撥帳號	50003033
戶名	英屬蓋曼群島商家庭傳媒股份有限公司城邦分公司
網站	www.businessweekly.com.tw
香港發行所	城邦（香港）出版集團有限公司
	香港灣仔駱克道 193 號東超商業中心 1 樓
	電話：（852）2508-6231　傳真：（852）2578-9337
	E-mail：hkcite@biznetvigator.com
製版印刷	中原造像股份有限公司
總經銷	聯合發行股份有限公司　電話（02）2917-8022
初版 1 刷	2023 年 10 月
定價	380 元

ISBN	978-626-7252-81-9
EISBN	9786267252864（PDF）／ 9786267252871（EPUB）

De Bono's Thinking Course
© Pearson Education Limited 2006
This translation of De Bono's Thinking Course is published by arrangement with Pearson Education Limited through The Artemis Agency.
Traditional Chinese edition copyright © 2023
By Publications Department of Business Weekly, a division of Cite Publishing Ltd.
All rights reserved.

《狄波諾思考力實踐手冊》吳春諭譯
本書譯稿經由城邦文化事業股份有限公司臉譜出版事業部授權出版，
非經書面同意，不得以任何形式重製轉載。

國家圖書館出版品預行編目（CIP）資料

狄波諾思考力實踐手冊／愛德華‧狄波諾（Edward De Bono）著；吳春諭譯 . -- 初版 . -- 臺北市：
城邦文化事業股份有限公司商業周刊，2023.10
　面；　公分
譯自：De Bono's thinking course, 1st ed.
ISBN 978-626-7252-81-9（平裝）

1.CST：思考　2.CST：創造性思考　3.CST：思維方法

176.4　　　　　　　　　　　　　　　　　　　　　112008800

藍學堂

學習・奇趣・輕鬆讀